Harry Nutt

# Bankautomat schluckt Eurocard

*Harry Nutt*, geboren 1959, lebt in Berlin und ist Kulturredakteur der *taz*. Zuvor war er Sportredakteur und freier Autor für verschiedene große Tageszeitungen. Buchveröffentlichungen: *Chance und Glück. Erkundungen zum Glücksspiel in Deutschland* (1994). *»Als der Ball noch rund war«. Sepp Herberger – eine Biographie* (zusammen mit Lothar Mikos, 1997).

*Zu diesem Buch:*
Geld allein macht nicht glücklich, aber es beruhigt ungemein. Weh aber dem, der es nicht hat und – zur Bewunderung verurteilt – mitansehen darf, welch segensreiche Wirkung es bei anderen tut! Denn wer kennt sie nicht, diese Situationen, in denen nichts mehr geht – weil man sein Geld gerade sinnlos ausgegeben hat, weil man es, gutmütiger Trottel, der man ist, anderen geliehen hat, weil der Bankautomat die Eurocard geschluckt hat oder weil man die Geheimzahl vergessen hat?
Harry Nutt präsentiert mit scharfer Beobachtungsgabe ein amüsantes Kompendium dieser kleinen, allzu vertrauten Desaster des Alltags. Sei es nun der Jackpot als Potlatsch, die Büroisierung des Wohnzimmers, der Spießrutenlauf auf dem städtischen Tretminenparcours, der Schnäppchenkauf oder das Oggern als Guerillastrategie gegen das Zukurzkommen – schöne Pleiten lauern überall!

Harry Nutt

# Bankautomat schluckt Eurocard

Schöne Pleiten aus der bunten Warenwelt

Rotbuch Verlag

Für B., die mich vor schlimmeren Pleiten bewahrt hat.

Die Deutsche Bibliothek - CIP-Einheitsaufnahme

**Nutt, Harry:**
Bankautomat schluckt Eurocard / Harry Nutt. - Hamburg :
Rotbuch Verlag, 1997
(Rotbuch Taschenbuch ; 1060)
ISBN 3-88022-405-6
NE: GT

Rotbuch Taschenbuch 1060
1. Auflage 1997


Umschlaggestaltung: Groothuis + Malsy, Bremen
Herstellung: Das Herstellungsbüro, Hamburg
Satz: H & G Herstellung, Hamburg
Druck und Bindung: Druckerei Wagner, Nördlingen
Printed in Germany 1997
ISBN 3-88022-405-6

# Inhalt

## GELD IN DER TASCHE



## ANLEITUNGEN ZUM GELDAUSGEBEN



## DAS GELD DER ANDEREN



## KEIN GELD

# GELD IN DER TASCHE

## Gefaltet / Geknüllt

Mein Portemonnaie trage ich in der linken, den Schlüsselbund in der rechten Hosentasche. Immer. In der Gesäßtasche habe ich meist etwas Kleingeld, auch Scheine, ordentlich gefaltet, selten mehr als 50 Mark, für alle Fälle. Ohne Geld gehe ich nicht aus dem Haus. Wenn ich kein Portemonnaie in der Tasche habe, spüre ich es körperlich. Das mag stehen, wofür es will, es ist sehr praktisch.

Ich verlege weder Geld noch Schlüssel. B. zum Beispiel sucht immer beides, ehe sie aus der Wohnung geht. Meist suchen wir dann gemeinsam, oder ich erinnere mich, wo ich ihr Portemonnaie zuletzt gesehen habe. Sie hat ein ebenso schönes wie unpraktisches aus buntem Leder, in das sie die Scheine längs falten muß, weil sie anders nicht reinpassen. Gelegentlich stopft B. ihr Geld auch lose in die Jeans, aber im Gegensatz zu mir weiß sie nie, wieviel sie eigentlich bei sich hat. Wenn sie nach Haus kommt, zieht sie die zerknüllten Scheine raus und wirft sie auf den Couchtisch oder auf die Telefonablage im Flur. Dauernd liegt irgendwo Geld rum. Manchmal hat sie aber auch gar kein Geld dabei und weiß es nicht einmal. Ich freue mich dann, aushelfen zu können, weil ich ja immer was habe. (Nie sehr viel, denn im Grunde bin ich immer pleite. Ständig nervt die Bank mit ihren Briefen: »Sicher haben Sie noch nicht bemerkt ...« So ein Quatsch, natürlich hab' ich bemerkt. Wahrscheinlich hat die Bank noch nicht bemerkt, daß ich inzwischen mit Scheckkarte noch etwas mehr überzogen habe. B. hingegen braucht zur ausgeglichenen Gemütsverfassung unbedingt geordnete Verhältnisse auf ihrem Konto.)

Wie man das Geld in der Tasche hat, sagt nur wenig über die ökonomische Gesamtsituation aus. Vollkommen zwecklos wäre es, von B. zu verlangen, sie solle Schlüssel und Geld immer am selben Platz ablegen. Von wohlmeinenden Ratschlägen habe ich nach einigen Versuchen abgesehen. Meine Taschenordnung findet sie nicht nachahmenswert, sondern albern, schon wegen der Beulen, die es in den Jeans macht. (Bundfaltenhosen sind problematisch, weil das Portemonnaie beim Sitzen leicht herausfallen kann. Das überwiegt beim Hosenkauf allemal meine modischen Bedenken gegen die Bundfalte.) Das Taschensystem taugt nicht für jedermann/frau. In anderen Alltagsdingen bin ich weniger gut organisiert. Nach wichtigen Papieren muß ich ständig suchen, und meine Steuerbelege trage ich mit spitzen Fingern zum zuständigen Professionellen. Und daß es so etwas wie einen Sozialversicherungsausweis gibt und auch ich einen habe, wußte ich bis vor kurzem nicht einmal. Aber etwas Geld habe ich immer in der Tasche, und ohne nachzuzählen weiß ich ziemlich genau wieviel.

## Taschenbuchhaltung

Ein anderes, sehr viel ausgeklügelteres Taschensystem habe ich bei Unternehmer H. kennengelernt. Er wickelte gewissermaßen seine ganze Firmenbuchhaltung in den Hosentaschen ab. Eingänge kamen in die linke, Ausgaben gingen aus der rechten Tasche. Ein privates Konto, glaube ich, hatte er nicht. Wenn er Geld für sich brauchte, dann schrieb er sich einen kleinen Belegzettel für die rechte Tasche. Geld, Schecks, Wechsel, Schuldzettel, alles wanderte in die Hosentaschen, die er gelegentlich leerte und in Klarsichthüllen umsortierte. Bisweilen rang er mit sich, ob er sich selbst Geld leihen kann, und wenn ja, von welcher Firma. In seinen Hosentaschen wickelte er nämlich die Buchhaltung von zwei unterschiedlichen Firmen ab, die wiederum miteinander Geschäfte machten. Er versicherte, daß alles völlig legal sei und er dabei noch nie den Überblick verloren habe.

Selbst für Eingeweihte waren diese Vorgänge verwirrend. Kunden, die Geld von einer seiner Firmen wollten, vertröstete er mit Ausflüchten. Die betreffende Firma sei gerade nicht liquide, sie müßten auf ihr Geld leider noch zwei Wochen warten, dann habe er wieder »Frisches«, wie er es nannte. Das war für die Geschäftspartner schwer einzusehen, denn häufig trug er mehrere tausend Mark mit sich herum, in dicken Hunderterbündeln, zu Rollen zusammengedrückt und durch ein Gummiband zusammengehalten, was er ohne Scheu zeigte. Das Zeigen von Geldbündeln hatte ich bisher dem Zuhälter- und Kleinkriminellen-Milieu zugerechnet, wie die Rolex-Uhr und das Goldkettchen als Körperschmuck, die zudem eine Art Sofortversicherung für brenzlige Zeiten sind. Auf der Flucht kann das Ausfüllen von Bankformularen nämlich hinderlich sein. Mit diesem Gewerbe hatte Unternehmer H. jedoch nichts zu tun, und eine Armbanduhr trug er nicht. Seine gesamte Konstitution hat ganz und gar nichts Flüchtiges. Es bereitete ihm einfach Freude, in Geldangelegenheiten mit offenen Karten zu spielen.

Ich erlaube mir ein paar Spekulationen, was es damit auf sich hat, daß man auf verschiedene Weise Geld in der Tasche haben kann. In diesen Kreditkartenzeiten hat die Zurschaustellung von Bargeld etwas Unfeines, und wo Scheine demonstrativ hingeblättert werden, darf über Kompensationsgeschäfte des Psycho-Haushalts gemutmaßt werden. Es gibt feine, mit güldener American Express ausgestattete Geschäftsleute, die nie einen Pfennig Bargeld aus der Tasche holen. Sie benutzen immer Scheck oder Karte, und den Kaffee zahlen merkwürdigerweise immer andere. Es sind aber keine Schnorrer. Für sie gibt es keinen größeren Triumph, als Freunde oder Partner im Restaurant mit der Bemerkung des Kellners zu verblüffen: Alles schon erledigt. Dabei verwenden sie nicht einmal das Wort bezahlen. (Unbemerkt zahlen ist allemal nobler als der neue BMW aus der 7er-Serie.)

Diese Leute wickeln ihre Geldsachen gern im Verborgenen ab. Dafür spricht man in diesen Kreisen ständig über Geld, im Diskurs zirkuliert es gewissermaßen unschuldig als reines Medium. Das Nichtzeigen von Geld bei gleichzeitigem Kundtun, daß man welches hat, interpretiere ich als eine ausgeprägte Triebkontrolle. Wo offen mit Geld hantiert wird, geht es um sofortige Befriedigung. So ähnlich hat es Freud gesehen, als er das bewegte Händespiel der Roulettespieler mit den Chips als Kaschierung des pubertären Onaniezwangs beschrieb. Im Gegensatz zu langweiligen Geschäfts- und Vertragsverhandlungen, bei denen meist gar nichts passiert, weil es immer um einen Zeitpunkt in der Zukunft geht, an dem dann auch wieder nachverhandelt werden muß, heißt es am Spieltisch immer: Triebabfuhr now.

Das Geld in der Tasche und seine verschiedenen Marotten der Aufbewahrung erzählen kleine Triebepisoden, während die großen Geschäfte auf Verzicht und Aufschub gründen. Das ist ganz konkret auf das Zeigen von Geld zu beziehen, also den Moment, wenn es die Tasche verläßt. Geld in der Tasche hingegen ist die Geborgenheit des Nomaden. Der Sturm hat die Zelte zerfetzt, aber in der nächsten Oase können wir uns neue kaufen. (Jetzt bloß nicht zuviel heideggern, bergen, verbergen, entbergen und so.)

B., die, wie schon berichtet, einen anderen Umgang mit Geld pflegt, packt ständig Proviant ein, Brötchen, Obst und Kekse. Die ganzen Vorbereitungen dauern mir immer zu lange. Mein Taschensystem hat ja auch mit meinem ausgeprägten Pünktlichkeitssinn zu tun. Jacke um und los. Nichts ist mir auf Reisen wichtiger als das kleine Gepäck. B. findet's dann nie richtig, daß ich später immer ihren Proviant aufesse. Wenn sie sich beschwert, zitiere ich gern den Satz: Wenn der Berliner den Funkturm nicht mehr sehen kann, packt er die Schrippen aus.

Für Unternehmer H. also ist das Zeigen und Zählen von Geld ein elementarer Bestandteil des Geschäftemachens. Es verweist auf seine Herkunft aus dem Kleinbürgertum, die er auch nicht leugnete. Schon sein Vater hatte als Markthändler immer gebündeltes Geld in der Tasche, obwohl auch er immer am Rande des Abgrunds handelte. Die einzige Rechnung, die er stets pünktlich bezahlt habe, vor Ort im Stall, bar auf die Hand, sei die Futter- und Trainerrechnung für seine Rennpferde gewesen. Die Angewohnheit, Zahlungsverpflichtungen persönlich nachzukommen, pflegte auch Unternehmer H. Seine Geldgeschäfte bereiteten ihm beides, körperliche Anstrengung und Vergnügen. Oft zog er sie unnötig in die Länge. Er zeigte das Geld, aber es schien ihn zu quälen, etwas davon herzugeben. Er zählte es vor, überlegte hin und her, was er noch bezahlen müsse, und grübelte, ob er schon etwas davon hergeben dürfe und wenn ja, wieviel. Das vorläufige Ende der Geschichte sind zwei blitzsaubere Konkurse, beide ohne Beanstandungen der Konkursrichter abgewickelt und keinesfalls auf die merkwürdige Taschenbuchführung zurückzuführen. Darin sei er immer sehr korrekt gewesen. H. gönnt sich nur eine unternehmerische Pause und brütet Pläne für neue Geschäfte aus. Alles will gut überlegt sein, denn eines weiß H. ganz genau: Die besten Geschäfte macht man nicht mit dem Geld aus der eigenen, sondern dem aus der Tasche anderer.

## Exkurs über das Anpumpen

Wer jemanden um Geld anpumpt, hat nichts in der Tasche, möchte aber ebenda welches haben. Unterscheiden muß man zwischen dem einfachen Verlegenheitspumpen und dem Konstitutionspumpen. Letzteres ist hier von Interesse. Der Typ des Anpumpers leiht sich nicht einfach Geld, er tut's mehrfach, immerzu. Das profane Ziel des Geldleihens besteht darin, von einer bestimmten Person eine feste Summe bis zu einem bekannten Termin zu bekommen. Die hohe Kunst des Anpumpens aber ist erreicht, wenn man von denselben Menschen wiederholt etwas bekommt, soviel wie möglich, auf unbestimmte Zeit, insbesondere, wenn sie sich gegen das Anpumpen sträuben. (Im triebökonomischen Modell stellt das Anpumpen einen Sonderfall dar und verhält sich zum Geldausgeben wie die Prostitution zur Liebe oder umgekehrt. Jedenfalls handelt es sich um die innige Verkehrsform einer sozialen Beziehung.)

Machen Sie mal den Test und leihen sich 70 Mark von einem Freund. Er wird es hergeben, erst recht, wenn es zum erstenmal der Fall ist. Warten Sie dann ab, bis er Sie wieder an das Geld erinnert. In diesem Moment dürfen Sie es aber nicht zurückzahlen. Verwenden Sie zur Begründung einen plumpen Vorwand: Nicht genug dabei, ich brauch's noch für ein Buch etc. Das können Sie bis zu zweimal wiederholen, ohne daß Sie die Freundschaft riskieren. Ihr Freund sollte vielleicht noch erfahren, daß sie sich von jemand anderem ebenfalls was gepumpt haben. Beim nächstenmal werden Sie ihn dann überraschen, weil Sie sich ohne Aufforderung daran erinnern, ihm noch 70 Mark zu schulden. Nun, wird er denken, bekomme ich das Geld zurück, es wurde ja auch Zeit. Ehe Sie jetzt das Experiment beenden und das Ergebnis auswerten können, müssen Sie fragen: Leihst du mir 30? Dann sind es 100, eine runde Summe.

Das Anpumpen berührt, weit über die Bedeutung des jeweiligen Betrags hinaus, die seelische Konstitution der Beteiligten. Wichtig ist es deshalb, die Geldquellen durch soziale Überanstrengungen nicht zum Versiegen zu bringen. Die Kunst des Anpumpens verlangt Rhythmusgefühl. Freund L. hatte im Lauf der Zeit auf die Strategien des Anpumpens ein kompliziertes Haushaltsmodell gegründet. Er lieh sich oft irgendwo etwas, nur um es jemand anderem zurückzahlen zu können. Er war sehr darauf bedacht, die ganze Sache nicht aus dem Gleichgewicht geraten zu lassen. Die ständige Suche nach Geld und die Rückzahlungen des Geliehenen machten nahezu vollständig seine sozialen Beziehungen aus. Zum erfolgreichen Anpumpen gehört eine gute Buchführung und das Einhalten von Terminen. Freund L. betonte bei seinen redseligen Eröffnungen stets, daß er die angekündigten Rückzahlungstage noch nie überschritten habe, er sei also absolut kreditwürdig. Das war glatt gelogen, aber es empfahl sich, nichts zu entgegnen, denn das hätte nur einen Monolog über seine Ehrlichkeit und unendliche Geschichten über Ausnahmefälle ausgelöst. Im Erfolgsfall konnte Freund L. glücklich wie ein Geschäftsmann nach einem Geschäftsabschluß sein.

Auch dem Anpumper kommt es darauf an, Geld in der Tasche zu haben. Es kam mehrfach vor, daß Freund L. den Bekannten, von dem er gerade Geld bekommen hatte, anschließend samt Begleitung zum Essen einlud. Wie alle Anpumper ist L. ein schrecklicher Moralist und zutiefst beleidigt, wenn man seine Ehrenhaftigkeit anzweifelt. Denn der Handel des Geldleihens ohne Stempel und Quittung ist keineswegs so einseitig, wie es scheint. Wer Geld verleiht, darf nicht glauben, daß man nach der Rückzahlung miteinander quitt ist. Erst Wiederholung und Variation des Vorgangs verleihen dem Anpumpen ein gewisses soziales Gewicht. Wer erfolgreich seine Wünsche durchsetzt, kann für die Zukunft Rechte geltend machen. Die Regeln des Spiels entstehen interessanterweise nicht durch Abmachungen und Vertrag, sondern durch Gewohnheit.

Natürlich kann auch der Anpumper zum Verleiher werden. Freund L. beispielsweise leitete aus der Tatsache, daß er selbst Außenstände bei anderen hatte, Ansprüche auf wenigstens eine kleine Summe ab. Es geht beim Anpumpen nicht um Almosen, sondern um klar formulierte Forderungen. Aus der langjährigen Erfahrung mit Freund L. kann ich nur raten, auf die Wünsche und Forderungen umgehend einzugehen. Alles andere mündet in Belehrungen und Rechtfertigungen, der ganze

Stuß um das geordnete Leben, unerquickliche Diskussionen um Spießertum und Freiheit. Ich ließ Freund L.'s Außenstände übrigens nie über 200 Mark hinauswachsen, eine Grenze, die er ohne Diskussion akzeptierte. Wirklich betrübt war ich nur an den Tagen, an denen er seine Schulden vollständig beglich, denn das war immer nur der Neubeginn der ganzen Zeremonie. Wird nämlich beim Anpumpen der Geldfluß unterbrochen, ist die Freundschaft beendet.

## Noch ein Exkurs

*»Der Tabak war alle, und Himmelkumov hatte nichts mehr zu rauchen. Er zog an der leeren Pfeife, aber das verschlimmerte nur die Qual. So vergingen ein, zwei Stunden. Und dann war wieder Tabak da.«*

Die Kürzestgeschichte stammt von Daniil Charms und fällt mir gelegentlich ein, wenn ich meine Eurocheque-Karte in den Geldautomaten meiner Bank einführe. Die quälende Wahrheit, daß der letzte Hunderter angebrochen ist, läßt sich leider nur selten mit der Charmsschen Geduld überwinden. (Nicht schwer zu erraten, daß Geld in der Tasche haben so etwas wie Rauchen ist.) Es braucht in diesen modernen Zeiten allerdings kaum mehr als jene elegante Fingerfertigkeit, die dem Automaten die persönliche Geheimnummer mitteilt, worauf er mit einem erwartungsgeladenen Rattern seine glattgestrichenen Scheine herausgibt, immer genau abgezählt, Irrtum ausgeschlossen. Daß der Abheber dennoch nachzählt, ist ein nichtdigitaler Rest menschlichen Mißtrauens gegenüber der Zweiweginteraktion. Das bescheidene Glück, daß wieder Geld da ist, überwiegt die Scham, die Kontrolle noch einmal gewagt zu haben.

Häufig jedoch sind Geduldsproben zu überstehen. Man ist selten allein mit der spendefreudigen Apparatur.

Immer wieder wird einem eine Basiskategorie zivilisatorischen Verhaltens abverlangt: Warten. Kaum auszuhalten, wenn ein Vordermann eine falsche Nummer eingibt und die Wartezeit auf unzumutbare Weise verlängert. Lästig ist auch der informative Zwischenschritt: das Abfragen des Kontostands, was, zugegeben, bisweilen unumgänglich ist. Das soziale Subjekt überprüft die Grundlagen seiner Existenz.

Dem paradiesisch anmutenden Vorgang des Geldziehens liegt eine streng reglementierte Ordnung zugrunde. Die wunderbare Geldvermehrung gelingt mitunter nur einmal am Tag, und auch die Ausgabesumme ist begrenzt. Zuwiderhandlungen sind zwecklos. Nur wer die Grundregeln des Kartengebrauchs verinnerlicht hat, wird von der Maschine nicht enttäuscht. Nichts erscheint in diesem Augenblick demütigender als die Mitteilung des kleinen Bildschirms: Heute keine Auszahlung mehr möglich. Die Menschen in der Schlange ahnen Schlimmes und lassen ihrem ausgeprägten Sinn für Distinktionen freien Lauf: überzogenes Konto, Lohnpfändung und dergleichen mehr.

Nichts ist ärger als ein »Outing« vorm Automaten. Karteninhaber zu sein, erweist sich weniger als Moment der Freiheit, sondern belegt allenfalls die fragwürdige Gratifikation, von einer mächtigen Institution als Wesen mit einem gewissen Grad an Selbstdisziplinierung anerkannt zu sein. Man handelt im Rahmen seiner Disponibilität und verfügt über die Fähigkeit, sich eine vierstellige Zahl merken zu können. Diese Kunst beherrscht übrigens längst nicht jeder, wie man vorm Automaten des öfteren erleben kann. Ich habe mir die Technik angewöhnt, mir schon beim Hineingehen in die Vorhalle die Zahl im Stillen vorzusagen, um plötzliche Ausfälle zu vermeiden.

Die persönliche Geheimnummer steigert fraglos die Magie auf dem Weg zum Geld in der Tasche. Schon die Art und Weise ihrer Bekanntgabe, in einem verschlossenen Umschlag und mit mahnenden Hinweisen zur Aufbewahrung, legt den Verdacht nahe, an einer konspirativen Handlung teilzunehmen. Aber was ist das ganze Brimborium mit Nummer und Karte gegen das muntere Flattern der Scheine gegen die Wand der Ausgabebox?

## Letzte Heimfahrt

Nach seiner Lebensleistung gefragt, hätte er wahrscheinlich sein Haus genannt, das er 1961 mit seiner Familie bezogen hatte. Mit etwas Erspartem und einigen Bausparverträgen hatte er es finanziert, seit einigen Jahren war es hypothekenfrei. Reich war er nie gewesen, nach seinem Tod würde seine Frau jedoch eine ausreichende Rente bekommen. Urlaubsfahrten, nie weiter als in den Harz, leisteten sie sich erst, als die Söhne schon aus dem Haus waren. Ein eigenes Auto kaufte er zur Zeit der Ölkrise, früher hatte das Geld nicht gereicht. Obwohl er stets ein Scheckbuch bei sich trug, bezahlte er immer bar. Wenigstens soviel bei sich zu haben, daß man noch die Heimfahrt bezahlen kann, war sein Leitspruch, seit er im Alter von 14 Jahren das Elternhaus verlassen und eine Lehrstelle angetreten hatte, gegen Kost und Logis.

Starr zurückgelehnt, den Mund geöffnet, die Augen halb geschlossen, blieb er reglos, als ich den Raum betrat. Erst als ich dichter herankam, bemerkte er mich, und es ging ein Lächeln über das ausgemergelte Gesicht. Bei dem Versuch, allein aufzustehen, war er hingeschlagen, deshalb hatte man ihn an den Stuhl gebunden. Nachts fesselte man ihn ans Bett, weil er auf den langen Krankenhausfluren ohne jede Orientierung gewesen wäre. Meine Mutter hatte mir mitgeteilt, daß man ihn nur schwer verstehen könne. Manchmal brabbele er einfach vor sich hin, es könne sein, daß er mich nicht erkenne. Verlegen sagte ich etwas zur Begrüßung. Er ergriff meinen Arm, zog mich näher an sich heran und flüsterte. Ob ich ihm etwas Geld geben könne, er habe kein Portemonnaie dabei. Du brauchst doch hier kein Geld, beschwichtigte ich, Ende der Woche bist du schon wieder zu Hause. Er ließ nicht los, faßte noch einmal nach und sprach so deutlich, wie er konnte: Man kann doch in der Fremde nicht ohne Geld sein. Ich legte ihm 50 Mark so auf die Konsole, daß er es sehen konnte. Beruhigt döste er für einige Minuten weg.

# ANLEITUNGEN
# ZUM GELDAUSGEBEN

# Unternehmensphilosophie, allzu wörtlich

»Ein guter Käse gehört zu den letzten ›Lebensmitteln mit Charakter‹ (...) Am besten läge er auf Stroh im Keller, aber noch seltener als Stroh gibt es ja noch wohltemperierte Keller.« Wirklich schlimm das, die Zivilisation entläßt ihren Käse trocken. Aber keine Panik, den in herzlosen Kühlschränken vor sich hinstinkenden Käsestücken kann geholfen werden. Auch in anderen Notlagen des Alltagslebens gibt es Rat für all jene, die zu den Beziehern des *Manufactum*-Katalogs gehören.

Noch nie davon gehört? »Es gibt sie noch, die guten Dinge«, Nützlichkeiten aller Art, und *Manufactum* vertreibt sie mit reißendem Absatz. Thomas Hoof, früher Landesgeschäftsführer der Grünen in Nordrhein-Westfalen, gründete den Recklinghäuser Versandhandel der »guten Dinge« 1988 und steigerte den Umsatz von 650 000 (1989) auf mehr als 30 Millionen Mark (1993). Eine beispiellose Erfolgsstory mit einer zündenden unternehmerischen Idee nahm ihren Lauf, ökologisch einwandfrei. Gläserne Meßbecher, Scheren für Linkshänder und Messer, die auch nach tausend rasanten Schnitten noch schneiden. Vieles von dem, was solides Handwerk einmal hervorgebracht hat, kann man über *Manufactum* beziehen, auch wenn es aus den Kaufhausregalen längst verbannt ist. In ganz Europa hat Hoof Produzenten von Wertarbeit gefunden, und die Warenliste liest sich wie ein Museumskatalog. Ein wahrlich verdienstvolles Unternehmen.

Thomas Hoof hat den »Abschied vom Wegwerfprinzip« früh erkannt und weitet die Lager für die haltbaren Dinge, Anlaß für allerlei Déjà-vu-Erlebnisse, zum Gefallen der Versandkunden stetig aus. Selbst der Katalog erhielt schon eine Auszeichnung. Die Jury des »Internationalen Designpreises des Landes Baden-Württemberg«

nominierte eine limitierte, gebundene Ausgabe der nach dem 2001-Prinzip verschickten Werbebroschur. Die Sprache hebe sich von dem »üblichen Werbegeschwätz« ab, hieß es in der Laudatio. Das muß in den Ohren des *Manufactum*-Chefs Hoof wie eine Einladung zu weiterführenden Schreibübungen geklungen haben.

Kürzlich nämlich überraschte er seine wertorientierten Kunden mit *Manuscriptum. Ein kommentierter Bücherkatalog.* Kommt der Stöberer im Krämerkontor nun als unnachgiebiger Fahnder nach dem guten, leider oft vergriffenen Buch? Eher nicht, denn das meiste aus dem *Manuscriptum*-Katalog findet sich auch in einer mittelmäßig sortierten Buchhandlung. Vielmehr entpuppt sich Hoof als Versandhandels-Ranicki, der einem größeren Publikum seine Lieblingslektüre aufdrängt. Er stützt sich dabei auf die Zitatlehnen von verschwurbelten Konservativen, Skeptikern und Nihilisten. Ich kenne solche Überzeugungsemphase aus viel zu langen Kneipennächten, in denen unter Freunden »Menschliches, Allzumenschliches« gesabbelt wird. Unter Verschluß gehaltene Säulenheilige einsamer Lesenächte werden plötzlich zu monströsen Weltdeutern. Am Tresen schwappt manch ein Gedanke über den Rand.

So auch im vorliegenden Bücherkatalog. Mit scheppernder Überzeugungsrhetorik treibt Hoof Enzensberger zurück in die Arme von Arnold Gehlen, und Norbert Elias ist ihm irgendwie verdächtig, weil der »Prozeß der Zivilisation« zu wenig Spielraum läßt für grüblerische Tiefe. Bestellen kann man natürlich auch die Elias-Ausgabe von Suhrkamp (stw), weil: »Das Thema ist ja ein großes: Was passiert da eigentlich seit Jahrhunderten mit dem moralischen Kapital der Menschheit?« Solche und andere schwere Fragen stellt der Mann in seiner Werbepostille, daß man bald nach der schlichten, aber ungemein luftigen Wahrheit der Toyota-Reklame lechzt. Ich habe nicht zum erstenmal den Verdacht, daß wirtschaftliches Gelingen im seltensten Fall früher erlittene Kränkungen aufheben kann. Das ist die dunkle Seite der Durchsetzung einer ökologisch geprägten Ökonomie. Britta Steilmann muß Rudolf Scharping beraten, Thomas Hoof die vielen Leser draußen im Lande.

## Englische Schuhe

Lange bevor der Soziologe Bourdieu das systematische Zusammenwirken der Geschmacksurteile auf den Begriff der Distinktion gebracht hatte, war ich von meiner Jugendfreundin Ulla, gelernte Schuhverkäuferin, in ihr besonderes Unterscheidungswesen eingeweiht worden. Schon aus beruflichen Gründen sah sie den Leuten immer auf die Füße. Das Schuhwerk, behauptete sie, erlaube ihr weitreichende Schlüsse. Charakter, Bildung, ja finanzielle Verhältnisse könnten anhand des Schuhwerks ausgemacht werden. Im Freundeskreis wurde ihre kleine Theorie natürlich mehrfach überprüft, fast immer behielt sie recht. Ob einer Anzug trug oder Norweger-Pullover, war ihr mehr oder weniger gleichgültig. Auf die Schuhe komme es an. Die Ökoschuhmänner fand sie erwartungsgemäß langweilig. Sie nannte sie Fußbettfetischisten. Wenn italienische Slipper nahten, einigermaßen solide verarbeitet, merkte sie umgehend auf. Richtig entzückt aber war sie erst, wenn sie das liebliche Tripptrapp englischer Ledersohlen vernahm.

Der Schuh, heißt es, ist das verbindende, aber auch das trennende Element zwischen dem Menschen und der Erde, von der er stammt und über die er sich zu erheben bemüht. Es gibt allerlei Wissenswertes über den Schuh als Herrschafts- und Sexualsymbol (Ruggedigu, Blut ist im Schuh...). Die christliche Mythologie verwandte die Schuhmetapher meist als moralische. »Neu Schuh zeug mir an meine Füß/Daß ich selig zu wandeln wiß«, heißt es in einem Kirchenlied aus dem 16. Jahrhundert. Der Schuh kann einerseits die stützende Paßform sein, in der man anmutig und sittsam durchs Leben kommt. Andererseits gibt es die Metapher vom drückenden Sündenschuh. Womit Ullas Wahrnehmungsmuster nachhaltig bestätigt wäre: Es kommt auf die Schuhe an.

Der schwarze Cheaney Oxford, selbstverständlich rahmengenäht, ist der Klassiker jeglicher Schuhherstellung. Modische Extravaganz, grazile Eleganz und raffiniertes Design ist Cheaneys Sache nicht. Italienisch ist die Kleidungsart von Aufsteigern mit gewissen geschmacklichen Standards, die freilich die Unsicherheit über die erreichte Position im modischen Wechsel zu verbergen suchen. Das führt zu Kreationen wie jenen des Öko-Italieners Fausto Santini. Im englischen Schuh hingegen drückt sich die erhabene Gewißheit aus, über den Sinn für das Wesentliche zu verfügen. An den Cheaneys ist abzulesen, daß auch die schlimmen Jahre des Thatcherismus dem englischen Klassen- und Stilbewußtsein nichts anhaben konnten. Seit 1886 fertigt man in Desborough in Northamptonshire die Schwarzen aus Royal Calf, und das wird so bleiben. Der anglophile Schuhträger favorisiert Cheaney bis in die Senkelspitzen aus poliertem, gewachstem und fünffach gezwirntem Baumwollfaden. Die Qualität und Haltbarkeit des englischen Markenschuhs ist das eine Gütezeichen, das andere ist sein spröder Charme, seine Auffälligkeit auf den zweiten Blick. Der englische Schuh ist die geadelte Norm des Beständigen in einer Zeit, in der der Tourismus unablässig Sonderungsvorschläge macht, maßgeschneiderte Anzüge aus Sri Lanka und dergleichen. Cheaney-Schuhe, das ist die Atkinson-Krawatte gegenüber der Unart, unterm Jackett bloß ein T-Shirt zu tragen. Die sichere Wahl also, um reinen Geschmack gegen die grassierende Italienisierung zu behaupten? Ich war mir ziemlich sicher, bis Ulla gestand, sie stehe schon seit geraumer Zeit mehr auf »Budapestern«.

Ein mehrstündiger Aufenthalt auf dem Amsterdamer Flughafen Schiphol lieferte kürzlich neue Indizien für meinen Verdacht, daß die »Zivilisation der Arbeitslosigkeit« (Claus Koch) nach wie vor starken Bedarf an Zeichen der Berufstätigkeit hat. Der Variantenreichtum im Bereich Handgepäck ist enorm, aber es ist eine deutliche Präferenz für Aktenkoffer festzustellen. Kaum anzunehmen, daß alle Träger von Aktenkoffern beruflich unterwegs sind. Manchen baumelt das Ding so locker am Handgelenk, als gelte es gerade seine Leere zu demonstrieren. Es gibt äußerst schmale Modelle aus Alu oder ähnlichem Material, in die nur ein paar dünne Mäppchen hineinpassen. Äußere Glätte, hat uns Roland Barthes gelehrt, ist ein Hinweis auf göttliche Reinheit und Perfektion. Wo Rucksäcke und Taschen durch Aufsätze und Reißverschlüsse Multifunktionalität andeuten, besticht der Aktenkoffer durch seine formale Beschränktheit. Neueste Hartplastikmodelle von Samsonite oder Delsey wirken denn auch wie aus einem Guß. Die Verschlüsse muß man suchen und die Griffe sind scheinbar ansatzlos eingepaßt. Daß sie dennoch beweglich sind, nimmt man erst beim Tragen wahr. Tatsächlich fordern sie zur Berührung heraus.

Das Wirtschaftsleben, wo wir die meisten Aktenkoffer vermuten, scheint sich Bedeutung durch zunehmende Verflüchtigung des Materiellen geben zu wollen. Wer hier auf dem Flughafen schwere Taschen und Koffer sowie unhandliche Tüten von Gautier und Max Mara schleppt, gibt sich als Tourist zu erkennen, der sich die Wartezeit mit Duty-free-Wandeln vertreibt. Im Vergleich zum Umhertragen leichter Köfferchen sieht sein Treiben tatsächlich nach Arbeit aus.

Das Leid aller Distinktionskämpfer ist es nun einmal,

daß die Massen sich die Zeichen des Luxus immer schneller anzueignen verstehen. Ein Bummel im kollektiven Freizeitpark wäre demnach vor allem Ausdruck des Ungeschicks. So sehr der Aktenkoffer den Arbeitsvorgang zu verbergen sucht, er besteht auf einem unauslöschbaren Rest. Was wirklich drin ist, Betriebsbilanzen, Notebook, Vortragsmanuskript oder Gameboy, bleibt Spekulation. Sein hervorstechendstes Merkmal ist seine Nichteinsehbarkeit. Während der Arztkoffer – leicht zerschlissen und mit Stockflecken gern von Medizinstudenten als Hinweis auf künftiges Tun benutzt – durch seine wulstige Form die verschiedenen Diagnose-Instrumente erahnen läßt, verweigert der Aktenkoffer jede Auskunft bezüglich des Inhalts. Das wird bekräftigt durch das Prinzip der Geheimnummer, wobei es weniger um das tatsächliche Verbergen als um den wundersamen Vorgang der Ausschließbarkeit geht. Es ist übrigens ratsam, keine Nummer einzugeben. Durch die Vielzahl der Geheimnummern, die man im täglichen Leben so braucht, kann es leicht passieren, daß man die Koffernummer nach längerer Gebrauchspause vergißt. Bei einem, zugegeben, eher billigen Modell ist es mir passiert, daß sich das Schloß trotz vorhandener Nummer, in weiser Voraussicht hatte ich 1, 1, 1 gewählt, nicht mehr öffnen ließ.

Den wahren Kofferträger erkennt man natürlich am Klassiker. Er stammt von Swaine & Adeny und ist aus schwerem, glatten Sattelleder, die Ecken sind durch aufgenähte Kappen aus demselben Material verstärkt. Der Griff, auf der Oberseite doppelt genäht, liefert einen deutlichen Hinweis, daß das edle Stück handgefertigt ist. Die gut zweieinhalbtausend Mark teure Luxusausführung zeichnet sich durch schwere, handgeschmiedete Messingschlösser aus. Das Innenfutter ist aus hochwertiger Baumwolle. Wer im Geschäftsleben auf sich hält, trägt freilich gar keine Aktenkoffer, sondern sehr viel geräumigere Pilotenkoffer, in die dann auch schon einmal mehrere Leitz-Ordner hineinpassen. Piloten, das hat meine Studie in Schiphol ergeben, benutzen diese indes nicht.

# Tönerne Mediterranität

Mitte der achtziger Jahre war die Flokati-Zeit endgültig vorbei. Die muffigen Stoffbündel wanderten auf den Sperrmüll, und durch die Wohngemeinschaftsflure frästen die Parkettschleifmaschinen. Das urbane Lebensgefühl arrangierte nun kunstvoll Drahtgestellsessel, Wagenfeldlampe und gläsernen Couchtisch zu einer übersichtlichen Einheit auf mit Bio-Lack versiegelten Böden.

Aber Vorsicht, verdächtige Gemütlichkeit ist wieder auf dem Vormarsch, diesmal in irreversibler Ausführung. Auf Balkonen und in Küchen wandelt man vielerorts schon auf Terrakotta, dem Tonfußboden, der laut Prospekt mediterrane Ruhe ausstrahlt. Im Trend liegt auch der Eßtisch aus handgeformten Fliesen, passend dazu bastgeflochtene Holzstühle. Beim Terrakotta-Waschtisch wird die Edelstahl-Schüssel nicht in die Fliesen eingelassen, so daß man lediglich eine Fliese für den Abfluß aussparen muß. Mit jeder geretteten Fliese feiert man einen kleinen Sieg im Kampf gegen die Ausbeutung der natürlichen Ressourcen.

Terrakotta ist die rustikale Kehrseite zur Italienisierung der privaten Verhältnisse. An der zunehmenden Verwendung der klassischen Fliesen läßt sich dreierlei ablesen:

1) Unkorrumpierbarer Geschmack. Terrakotta steht für Stilsicherheit, die modisches Geraune demonstrativ zurückweist. Die Muster sind handgeprägt, die Farben rötlich erdverbunden. Terrakotta drückt Solidität und Langlebigkeit aus. Geradeso denkt man sich die Zukunft von der Mitte des Lebens aus.

2) Ökologisches Bewußtsein. Terrakotta lebt und verlangt, daß mit ihm gelebt wird. Die Fliesen sind eine Art tönernes Haustier, ein naher Verwandter des berühmten

Kressetiers, auf das man stets achtgeben muß. Durch Wachs- und Versiegelungsmittel können sich die Farben ändern. Trotz seiner Robustheit verlangt der Boden Pflege. Außenflächen sind bei Minustemperaturen mit Schutzfolien abzudecken. Die Zerbrechlichkeit des Stoffs ist dem Benutzer eine stete Mahnung für den Umgang mit der Welt.

3) Soziale Position. Terrakotta ist nicht billig, der Quadratmeter kostet je nach Ausführung von 80 Mark an aufwärts. Wer auf Terrakotta wandelt, hat in der Regel allerlei Experimente mit Auslegeware unterschiedlicher Faser hinter sich. Er ist vor Geschmacksirrtümern relativ sicher und weiß, daß er in der nächsten Zeit nicht umziehen wird. Terrakotta ist Qualitätsboden für sozial wie emotional Gefestigte.

Schritt für Schritt hat man sich auf die Tonlage vorbereitet. Unförmige Blumenkübel, zu beziehen über den Naturkostladen, ebneten den Weg in die Küchen von Studienräten und Sozialpädagogen. Es folgten Vasen und Lampen. Mit Terrakotta erwirbt man einen Naturstoff mit hoher politischer Halbwertzeit. Die Fliesen sind Unikate, man sieht ihnen die handwerkliche Fertigung an. Bei großer Nachfrage kann sich die Lieferung verzögern. Das nimmt der politisch korrekt einkaufende Kunde gern als Zeichen dafür, daß die lokale Produktion noch nicht der Vollindustrialisierung preisgegeben ist. Farbfehler und Lasurnarben sind Echtheitszertifikate. Das Glatte, haben wir bei Roland Barthes gelernt, ist immer ein Attribut der Perfektion. Es verkörpert Objektivationen, die aus einer anderen Welt herabgestiegen sind. So seien Plastikeimer und ähnliches plötzliche Konvertierungen der Natur. Der ökologiebewußte Mensch tut sich schwer mit so was und wandelt lieber auf massiven Fliesen, wissend, daß darunter der Strand ist. Halten Sie vor Verlegung der Platten aber Rücksprache mit einem Baustatiker, die Dinger sind furchtbar schwer.

# Die Büroisierung des Wohnzimmers

Die Beliebtheit von Aktenablagebehältern in Wohnungen von Lehrern, Sozialarbeitern und Freiberuflern verdient in der Zivilisation der Arbeitslosigkeit gesteigerte Aufmerksamkeit. Neben stählernen Ganzwand-Regalsystemen, die das schlichte Ivar-Modell von Ikea in die Heimwerkerkeller verbannt haben, repräsentiert der Bisley-Container in verschiedenen Farben, Formaten und Fachgrößen das Möbelstück, das die Büroisierung des Wohnzimmers eingeläutet hat. Gummierstift, Edelchromlocher und drehbarer Karteikartenhalter als offenes Adreßbuch bestätigen diesen Trend.

Bevorzugt findet man den Ablagenschrank als farblos lackiertes Modell, auf dem die Schweißnähte deutlich hervortreten. Es läßt unmittelbar den Produktionsprozeß erkennen und verweist so auf eine asketische Moral, in der es kaum einen Unterschied zwischen Arbeit und Freizeit gibt. Ja, die eigentliche Arbeit des Berufstätigen beginnt erst nach Feierabend, und das Projekt der Selbstverwirklichung duldet ohnehin keine Pausen.

Die Bisleys dienen zuhauf dem Engagement für Verein, Politik und Ökogruppe. Gegen die robuste Schwerfälligkeit der Kommodenlade fasziniert die Leichtigkeit, mit der sich die Bisley-Fächer aufziehen und zuschieben lassen. Zwar kann man unter den schlicht gebogenen Stahlgriffen Sortierschildchen einschieben, die einen schnellen und direkten Zugriff ermöglichen, aber die reibungslos funktionierende Mechanik verlockt zum suchenden Aufziehen.

Trotz seiner evidenten Nützlichkeit beherbergt der Bisley nicht zuletzt das Chaos des Privaten. Briefmarken, Büroklammern, Sozialversicherungsausweis und Krankenkassen-Scheckkarte liegen im flachen oberen Fach, darunter sammeln sich Dokumente und Zeugnisse des

Lebenslaufs, die man nicht mehr benötigt, die aber aufbewahrt werden müssen. In der unteren Hälfte, das Fachvolumen wächst beim klassischen Modell von oben nach unten, ist Platz für Erinnerungsstücke. Das ornamentfreie Blech der Rationalität birgt bevorzugt auch Sentimentales.

Die schmucklose Truhe als Grundelement der mittelalterlichen Einrichtung ist hingegen tief in der nomadischen Kultur verwurzelt. Möbel war alles, was auf der Flucht nicht auf der Immobilie zurückgelassen werden sollte. »Truhen konnten gleichzeitig als Reisekoffer benutzt werden«, schreibt Siegfried Giedion in seiner herausragenden Studie: »(...) man war immer auf dem Sprung.«* Mit der Stabilität der Lebensverhältnisse wächst auch die Ausdifferenzierung der Einrichtungsgegenstände. Die Schublade erscheint als bewegliche, verkleinerte Truhe, die zunächst zur Aufbewahrung von Reliquien und kirchlichen Dokumenten benutzt wurde, ehe sie in den Schreibstuben beherrschend wurde. Überhaupt versteht man das Wesen jeglicher Bürokratie vielleicht besser, wenn man sich deren sakralen Ursprung vor Augen führt. Der Ordnungssinn des Pragmatikers riecht nach Weihwasser.

* Siegfried Giedion, Die Herrschaft der Mechanisierung, Hamburg 1992.

Die Zugehörigkeit zur Toskana-Fraktion streiten wir nicht ab. Wir lieben den Orangensaft frischgepreßt, den Wein trocken und das Gemüse al dente. Fettspeisen kommen nicht auf den Tisch, und auf den Tellern herrschen schon aus ästhetischen Gründen klare Verhältnisse. Aus der *Cestino rotondo a filo* quellen Weintrauben, und auf dem Gasherd signalisiert der *Bollitore* mit einem sinnlichen Pfeifen das Kochen des Wassers. Der geträumte Vögelchen-Aufsatz am Ausguß hätte uns schon früher stutzig machen müssen. Aber wir waren zu sehr damit beschäftigt, die gesamte Küche samt Ivar und Ditte zu entelchen. Nie wieder IKEA. In die Regale zog die kühle Ordnung italienischen Designs ein – alles alessi. Obwohl ich gar keinen Zucker zum Kaffee nehme, liebe ich die *Zuccheriera rotonda* über alles. Schon das Aufklappen des Deckelchens bereitet Freude. Alle Butterdosen aus Plastik wurden entfernt und durch die *Portaburro con coperchio* ersetzt.

Im Jahre 1921 eröffnete Giovanni Alessi Anghini eine Platten-Dreherei mit Gießerei in Bagnella/Omegna. Die berühmte »Programma 1« bestand aus Kaffeekannen und verschiedenen Tischzubehörteilen. Zunächst experimentierte man mit rostfreiem Stahl, später verwandte Alessi versilbertes und verchromtes Messing, Edelstahl und Gußaluminium. Kernstück des »programma 4« von 1962 ist *Piatto da portata*, eine spiegelglatte Speisenplatte. Sie vergeistigt die Nahrungsmittelpräsentation auf beinah religiöse Weise. Der Aschenbecher *Posacenere con spirale* hätte uns fast dazu verführt, wieder mit dem Rauchen anzufangen.

Mit seiner jüngsten Produktidee begeht das Haus Alessi jedoch Verrat. Unter designerischen Originalitätszwang gestellt, wartet man mit einer kleinen Elektrogeräte-Kollektion auf. Ein Thermo-Kaffee-Automat mit Warmhalteplatte, eine Orangenpresse, ein Wasserkocher und ein Toaster. Runde, bauchige Formen in Cremefarben, Kuscheldesign statt bekannter Alessi-Nüchternheit. Die verpuppten Geräte erinnern an die überdimensionalen Toaster, die man aus amerikanischen B-Movies kennt. Wie kleine Küchen-Atomkraftwerke nehmen sie unendlich viel Platz weg. Dabei bräunen sie nur Weißbrot, und das nicht einmal besonders gut.

In der Küche lauert die Regression, laut Duden eine »Reaktivierung entwicklungsgeschichtlich älterer Verhaltensweisen bei Abbau oder Verlust des höheren Niveaus, z. B. das Zurückfallen auf frühere, kindliche Stufen der Triebvorgänge«. Seit geraumer Zeit werden immer mehr Industriewaren rund und knuffig. Wir interpretieren mit Trendforscher Horx: »Runde Formen assoziieren Geschlossenheit, Einigeln, Konsens, Geborgenheit, Sehnsucht nach Wärme, Nest, Ei. ›Rundwerdung‹ ist also immer auch ästhetisches Cocooning« – laut Horx Indiz für die kollektive Weigerung, Verantwortung zu übernehmen.

Die Entelchung der Küche war ein politischer Akt, jetzt droht Korruption aus der Italienisierung. Alessi tarnt sich mit seiner neuesten Kollektion in peinlichem Kollektivismus. Die klobigen Elektrogeräte sind aus einer Kooperation mit dem Elektrokonzern Philips (die Entwürfe stammen von Philippe Starck) hervorgegangen. »Alessi meets Philips« heißt es in eher ungeschicktem Pop-Jargon. Wir haben noch lange an den siebziger Jahren zu knabbern, Prosecco hin, Grappa her.

# Beutelkultur

Es ist gut drei Dekaden her, da galt das Mitführen von Tragebehältnissen als Hinweis auf Berufstätigkeit. Emsige Aktentaschenträger verwiesen allüberall darauf, daß die bundesrepublikanische Produktivkraft mehr und mehr in den tertiären Sektor wanderte. Damen mittleren Alters, die auf sich hielten, trugen krokodilslederne Täschchen, in denen man schönheitsfördernde Utensilien wähnte. Selbst James Bond war überrascht, wenn daraus zwecks Bedrohung seiner Person eine Damenpistole hervorgeholt wurde.

Ein Paradigmenwechsel in der Taschenwelt deutete sich an, als lederne Herrentäschchen aufkamen, die ihren Besitzern zunächst freilich kaum mehr als den Verdacht einbrachten, homosexuell oder ähnliches zu sein. Der gestandene Mann trägt ohne erkennbaren Grund nichts mit sich herum. Es galt der Satz Huckleberry Finns: Zweckmäßige Dinge gehören in die Hosentasche. Nur Pfeifenraucher pochten für ihre Gerätschaften auf kleine rundliche Wildlederbeutel, aber das waren sowieso komische Leute.

Seither ist die Taschenwelt nicht mehr dieselbe. Wohin man schaut, Rucksäcke aus Stoff, Leder und Kunstfaser, mit und ohne Werbeaufdruck, teure Fabrikate oder Billig-Imitate. Kaum ein Großstadtrücken, an dem kein City- oder Day-Pack herunterhängt, mal handlich klein geschnürt, mal sichtlich überbeladen baumelnd. Die schicke Lederausführung von Bree sieht man immer häufiger auch bei Anzugsmenschen, denen man eine Tätigkeit im mittleren Management ohne weiteres zutraut. Der Rucksack, so ist zu vermuten, soll in diesem Fall für ein gewisses kreatives Chaos stehen, das sich der Ordnungsliebe des Aktentaschenmenschen überlegen wähnt.

Mit der Tagesration auf dem Rücken (Platz für 30 tazzen behauptet die Werbeabteilung des alternativen Blatts, das ein Wolfskinexemplar als Abonnementsprämie auslobt), ist man für das Abenteuer Großstadtdschungel jederzeit gerüstet. Der Rucksackmensch beharrt auf Armfreiheit und sei es nur zum Fahrrad fahren, das in der Geschäftswelt längst ökologischer Standard ist. Gewisse praktische Eigenschaften sind dem Tagesrucksack nicht abzusprechen, wobei von häufigem Dokumententransport abzuraten ist. Es ist dringend geboten, Lebensmittel noch einmal gesondert zu verpacken.

Größere Aufmerksamkeit verdient indes der sich epidemieartig ausbreitende Bauchgurt, dessen Symbolik seine Funktion bei weitem überragt. Das Tragen von Geldgurten war vor allem in Globetrotterkreisen zweckmäßig. Zu beziehen waren die praktischen Dinger lange Zeit ausschließlich über Versandhandelsgeschäfte für Traveller. Der Geldgurt- und Dokumentengurt fungierte als Tarnung, die vor Diebstahl schützen sollte. Geschickterweise trug man ihn unter dem Pullover oder der Jacke.

Die Bauchgurte dieser Tage sind jedoch alles andere als unauffällig. Es gibt breite Lederausführungen ebenso wie illuminierte Plastikversionen in Signalfarben. Nicht selten erwecken sie den Eindruck einer Körperprothese. Dicke tragen sie ebenso wie Dünne, und Schwangere schrecken nicht vor einer Effektverstärkung zurück. Man trägt zur Schau, daß man Schützenswertes mit sich führt. Ist der City-Pack Ausdruck einer zunehmenden Nomadisierung des urbanen Lebens (Dabeihaben ist alles), so verweist der Bauchgurt auf regressive Tendenzen. Man kennt das Bedürfnis von Kindern, profane Dinge zum Talisman zu erklären. Tatsächlich sind Kinder große Bauchgurtfans. Aber hatten die ersten Herrentäschchenträger im Sinn, daß niemand mehr Anstoß daran nimmt, wenn der erwachsene Mitteleuropäer zum Akt der Rechnungsbegleichung kurz oberhalb des Hosenschlitzes nach seiner Habe fingert?

# Die Haut zu Markte

Weil mir die intensiven Düfte von Parfümabteilungen meist eine gewisse Übelkeit bereiten, bin ich der Aufforderung erst nach dem 45. Mal gefolgt: »Come in and find out.« Wer die Parfümerien von Douglas betritt, heißt es in einem Prospekt der Kette, die im Werbefernsehen in holprigem Englisch auf sich aufmerksam macht, will sich bezaubern lassen. Von einer Welt des Duftes, der Schönheit und der Sinnlichkeit. Noch ehe ich mir eine Beschreibung des Hauttyps meiner Freundin zurechtgelegt hatte, war ich mit einem makellos geschminkten Mund in ein Fachgespräch über Hautfragen verwickelt. Man ahnt als gewöhnlicher Fußgänger ja nicht, in welch existentielle Kämpfe die Hülle des Körpers verstrickt ist. »Trockene Haut ist wie ein Körper, der Hunger und Durst hat.« Man denkt unweigerlich an verlorene Expeditionsteilnehmer in der Wüste, siechend. Die Leiden der Haut – Wasser- und Lipidmangel – haben etwas Hardy-Krügerhaftes.

Eine andere Gefahr ist die Glykation. Tag für Tag lagern sich schädliche Zucker an die Stützproteine an, verlangsamen deren Erneuerung und ziehen eine progressive Faltenbildung nach sich. Das Geheimnis des Gesichts ist nichts als seine Stadien der Austrocknung. Machen Collagen mitunter Kunstverständigen zu schaffen (haha), so hat die älter werdende Haut seit jeher mit Kollagen zu tun, einem leimartigen, stark quellenden Eiweißkörper im Bindegewebe.

Roland Barthes hat am Gesicht der Garbo erläutert, daß es beim Schminken gar nicht um ein Geheimnis geht, sondern vielmehr um einen Archetypus des menschlichen Gesichts. Das geschminkte Antlitz der Garbo in »Königin Christine« habe die schneeige Dichte einer Maske, beinahe entsexualisiert. Der Gedanke, daß auch Douglas wenig zur Intensivierung der Reize beizutragen hat, drängte sich mir auf, als ich die tiefroten Lippen noch immer über Dürrekatastrophen und Lotionsexpertisen reden hörte. Das hat möglicherweise mit der Wiederkehr des Körpers zu tun, die Anfang der achtziger Jahre sogar in philosophisch geschulten Kreisen gefeiert wurde. Man ernährte sich gesund, trimmte seinen Körper und geißelte wortgewaltig die Hypertrophie des Sehens und Hörens. Die Haut wurde als ältestes und weitreichendes Wahrnehmungssystem wiederentdeckt. »Die Sprache des Tastsinns ist die früheste aller Sprachen, und sie ist universell«, heißt es bei Ashley Montagu. Berühren kennzeichnet die Tasterfahrung ebenso wie emotionale Rührung.

Das Berühren von Geldscheinen hingegen ist in Parfümerien noch immer ein Akt schmutziger Austauschverhältnisse. Entzündete Nagelbetten und stumpfe Fingerkuppen dürfen an der Kasse nicht sichtbar werden. Mit Hilfe der Douglas-Card lassen sich neben Feuchtigkeitsverlusten aller Art auch solche Probleme bargeldlos kaschieren. Mit der Karte wird die Parfümerie ganz nebenbei noch zu Theaterkasse, Reisebüro und Trödelladen. Das Wochen-Arrangement der Lancaster Beauty-Farm Schloßhotel Lerbach mit Kochkurs ist schon für 2520 Mark pro Person zu haben. Gewissermaßen als Schnäppchen für die Sinne werden außerdem Vorführungen exklusiver Duftkreationen angeboten. Noch bevor ein einzigartiger neuer Duft im extravaganten Großflakon in den Handel kommt, kann der Karteninhaber zum Subskriptionspreis vorkosten. Parfümfläschchen gehen seit einiger Zeit als Sammelobjekte durch, und so gibt's das Paloma-Picasso-Set (von der leibhaftigen Tochter) nur bei Douglas. Doch gegen die primäre Funktion einer Parfümerie ist das alles nur kosmetischer Schnickschnack. Ich bin hineingegangen und habe herausgefunden, daß die Welt der Schönheit vor allem eine Art Club of Rome für Hautprobleme sein möchte.

Der Mensch ist ein olfaktorisches Wesen. Die Eskimos haben aus dieser Fähigkeit, sich per Geruchssinn zu orientieren, den Brauch entwickelt, junge Leute noch vor der Eheschließung miteinander ins Bett gehen zu lassen. Nicht zur Erprobung der Sexualtauglichkeit, sondern zum gegenseitigen Beschnuppern. Auf diese Weise kann weitgehend vermieden werden, daß Ehepartner einander partout nicht riechen können.

Die Kosmetikindustrie wußte schon vor geraumer Zeit die Ausbreitung dieser Praxis einzudämmen. Daß das auch weiterhin so bleibt, dafür wendet sie enorme Mittel auf. Zwei bis drei Jahre gehen für Entwicklung, Marktstudien und Verbrauchertests vor der Marktpremiere eines neuen Produkts drauf. Als Faustregel der Branche gilt, daß 30 Prozent des erwarteten Nettoumsatzes für dergleichen aufgewendet werden soll. »Der Erfolg eines Duftes«, sagt Jacques Polge, Chanel-Parfumeur und Kreateur, »hängt vom überzeugenden Zusammenspiel von Marketing, Verpackung, Namen und Parfummischung ab.« Funktioniert ein Teilchen nicht, ist der Flop vorprogrammiert. Internationale Marktforschung erleichtert die Sache nicht. »Falls Chanel ein neues Parfum bringt«, meint Polge, »dann muß es für die Französin harmonisch sein, aber für die Deutsche Charakter haben. Die Italienerin erwartet ein Parfum mit Pfiff, und für die Amerikanerin soll es sexy duften.« Nationale Geruchsmentalitäten sind nicht leicht zu bewältigen.

Ein nicht minder schweres Problem macht die Namengebung, was die legendäre Coco Chanel seinerzeit für ihr »Chanel No 5« mit einer ihr eigenen Kryptik für Bedeutendes löste. Wir schalten uns ein in einen Text aus der Chanel-Werbung: »Ein betörender Duftcocktail war geboren, dem Mademoiselle Chanel sofort verfiel.

Im Kontrast zu seiner extravaganten Verführungskraft benannte sie ihn schlicht Nummer 5 – weil es sich dabei um den fünften Parfumvorschlag von Monsieur Beaux handelte.«

Wir bezweifeln daher, daß der Name »Allure« für das jüngste Produkt aus dem Hause Chanel der Modeschöpferin gefallen hätte. Dabei hatten sich die Hausdichter allerhand Mühe gegeben, die Schöpfung intelligibel erscheinen zu lassen. »Das Wort ›Allure‹ wird mit zwei ›l‹ geschrieben, wie ›elle‹ (sie), ›belle‹ (schön) und ›Mademoiselle‹. Und auch ein bißchen Zahlenmystik kommt hier mit ins Spiel. Das Wort ›Allure‹ hat sechs Buchstaben wie der Name Chanel.« Allüren, lesen wir im Fremdwörterduden weiter, bezeichnet die Gangart eines Pferdes und bedeutet im übertragenen Sinne (arrogantes) Auftreten. »Allure«, sagt Polge, den man die »Nase« von Chanel nennt, »bedeutet für mich Anmut, Charakter, Intelligenz, Raffinesse, Klarheit.« Mit den Namen der Konsumgüterindustrie tritt man ein in ein Wunderland der Beliebigkeit.

Chanel hat viel Zeit und Muße darauf verwandt, das neue Riechstück als Gesamtkunstwerk erscheinen zu lassen. Im Design des Flakons, so hören wir, sei der Geist der berühmten Modeschöpferin zu erkennen – eine klare, kantige, schlanke Kontur ist von der schlichten Form der No 5-Flasche inspiriert, also zeitlos modern. Übrigens hat Chanel sämtliche zur Parfumherstellung notwendigen Schritte – von der Auswahl der Rohstoffe bis zum Vorliegen des versiegelten Flakons – in das Unternehmen integriert. Die Allure-Models sind keine Schiffercampbells. Die Firma tut hier etwas für den Nachwuchs, was wir gern positiv hervorheben. Auch Karl Lagerfeld, profilierungswilliger Zopf der Kleidermacher, bleibt im Chanel-Umfeld der ewige Novize der großen kleinen Coco. Noch immer erzielen die Kreationen, die unter seinem eigenen Namen vertrieben werden, weit geringeren Umsatz als jene Lagerfeld-Arbeiten bei Chanel.

Das ganze Geheimnis findet sich im Logo, dem Spiel

mit den Initialen. Der eine Buchstabe, C, mit dem spiegelverkehrten anderen. Coco Chanel hatte die Vorzeichen verändert. In ihrem biographischen Essay* über die große französische Modeschöpferin weist die Politikwissenschaftlerin Karin Wieland darauf hin, daß die als Klosterschülerin in einem Heim aufgewachsene Gabrielle Chanel, später Coco genannt, mit ihren verblüffend schlichten Kostümen aus Schwarz und Weiß einen Teil ihrer Existenz gelöscht hatte. »Schwarz waren die Röcke und Schleier der Nonnen gewesen, (...). Weiß waren die Wände, das Haarband, das Brusttuch und die Bluse.« Indem Coco die elegante Welt in diese Farben kleidete, verwischte sie die Spuren zu der ehemaligen Kokotte, als die sie zunächst Eingang in die Welt der Schönen und der Reichen gefunden hatte. »Im Jahre 1919 wachte ich auf und war berühmt«, lautete die Kurzfassung der gelernten Putzmacherin, die 1971 starb.

* Karin Wieland: Die Kreation einer Existenz, in: Der Alltag, 2/91, Zürich 1991.

# Synergetische Fitware

Die Trimm-Dich-Bewegung der siebziger Jahre hatte eindeutig etwas Wandervogelhaftes. Auf Waldparkplätzen turnten müde Autofahrer an Klettersprossenwänden, und handgeschnitzte Hinweispfeiler gaben Anleitung zur richtigen Dosierung von Kniebeugen. Die ganze Veranstaltung war eine etwas unbeholfene Verausgabung von Energien, die das Arbeitsleben offenbar nicht mehr abverlangte. Dementsprechend haftete auch den Heimgeräten noch die Mühsal körperlicher Betätigung an. Der Expander sah aus wie der Transmissionsriemen eines Flaschenzugs, und das Fitneßrad war nichts als ein Fahrrad, mit dem man auf der Stelle strampelte. Nach Vollzug schweißtreibender Qualen winkte Belohnung in einem Glücksmoment von Eigenleistung. Wer heute einen Hometrainer besteigt, der muß sich zunächst mit dem Armaturenbrett seiner universellen Meßstation vertraut machen, und der einsame Jogger im Park wandelt versunken auf zwei kunststoffbeschichteten Technologiepaketen.

Unterdessen ist von einem neuen Trend in der Fitneßwelt zu berichten, für den die praktischen »AeroGloves« zum Preis ab etwa 50 Mark ein hübsches Beispiel geben. Auf den Handrücken der schmucken (blau oder schwarz), fingerlosen Handschuhe sind Gewichte (ein oder zwei Pfund) eingenäht, so daß beiläufig zum Jogging, Walking oder Aerobic die Armmuskulatur trainiert werden kann. Die »AeroGloves« bestechen durch ihre Synergieeffekte (so nennen Wirtschaftsleute in letzter Zeit häufig etwas, das trefflich zusammenwirkt, obwohl es in den Konzeptionen nicht vorgesehen war). Während beim Laufen die Arme mehr oder weniger sinnlos herumschlackern, wird ihnen mit Hilfe der »AeroGloves« gezielte Muskelkontraktion abverlangt. Wir haben es hier mit einem energetischen Schnäppchen zu tun, denn wo früher Hanteltraining nötig war, schwellen die Muskeln nun beinahe ganz von allein. Als Nutznießer solcher Zeitersparnis denken wir uns Berufstätige des tertiären Bereichs, Designer, Art-Direktoren, Projektleiter, die sich von ihren Leibesübungen vor allem eine Art Kreativitätsschub erhoffen. Diesbezüglich äußerte sich bereits Bertold Brecht recht skeptisch, verwies aber andererseits darauf, daß »größere Teile der kulturellen Produktion der letzten Jahrzehnte durch einfaches Turnen und zweckmäßige Bewegungen im Freien mit großer Leichtigkeit zu verhindern gewesen« wären. Er selbst hielt also viel von sportiver Betätigung, hatte seinen Punchingball aber nicht zuletzt deshalb angeschafft, weil er »meinen Besuchern Gelegenheit gibt, meine Neigung zu exotischen Dingen zu bekritteln, und weil er sie zugleich hindert, mit mir über meine Stücke zu sprechen.«

Aus ähnlichen Beweggründen ist wohl die Schauspielerin Christine Kaufmann unter die Erfinder exklusiver Fitware gegangen. Einen aufblasbaren Rettungsreifen für Kinder hat sie in ein Schönheitskissen umfunktioniert, was Schnäppcheneffekte im kosmetischen Bereich verspricht. Wer sein Haupt nächtens auf ihr in Marokko gefertigtes Kissen mit einem Bezug aus »Kotton african« bettet, bekämpft so wirkungsvoll das »Schrumpelige am Dekolleté«. Das Schönheitskissen macht Schluß mit dem morgendlichen Knittergesicht. Als Kundin für ihr Schönheitskissen hat Frau Kaufmann zuvorderst die emsige Geschäftsfrau im Visier. Wir lernen daraus, daß synergetische Fitware nichts für Müßiggänger ist. Die größte Bedrohung für jede Variante der Fitneßbewegung ist denn auch die Arbeitslosigkeit. Den Arbeitslosen denken wir uns ja gerade nicht im Leibchen an der Reckstange, was vielleicht ein schönes Sinnbild seiner Situation abgeben würde, sondern überwiegend biertrinkend vorm Fernseher, keine Spur von Synergieeffekten im Sinn.

# Der Jackpot als Potlatsch

Vom Käufer eines Shampoos nimmt man gewöhnlich an, daß er oder andere die erstandene Ware zum Waschen der Haare und der Kopfhaut verwenden. Im Lehrgebäude der herkömmlichen Haushaltstheorie gilt der Kauf eines Shampoos, also Geld gegen Ware, als Kaufentscheidung vollkommener Sicherheit. Auch wenn man das Shampoo zum Schuheputzen verwendet, gilt sicher: »Was man hat, das hat man.« Wirtschaftswissenschaftler sagen das, mit allerhand Formelkram unterstützt, kaum anders.

Ungefähr doppelt soviel wie für Shampoos, Sprays und Lotionen, ca. 30 Milliarden Mark, gaben die Deutschen 1995 für eine Ware aus, der man einiges nachsagen kann, nur nicht Sicherheit. Die Rede ist vom Glücksspiel im allgemeinen und vom Lottoschein im besonderen, für den im legendären Jackpotjahr 1994 knapp neun Milliarden Mark eingezahlt wurden. Die Deutschen spielen und tippen so versessen wie die Briten, die sich seit einiger Zeit sogar, sehr zum Leidwesen der örtlichen Buchmacher, am Lottospiel teutonischer Prägung erfreuen.

Den Zocker denkt man sich gern als verwegenen Hasardeur, der vor dem Einsatz des Letzten nicht zurückschreckt. Unrasiert und mit verkniffenen Augen steht er immer wieder am Abgrund seiner Existenz. Wenn er aufs Ganze geht, ist der Raum verqualmt, und die Uhr zeigt nach Mitternacht. Den Spieler diesen Typs mag es geben, aber sein Anteil an den Umsätzen der Glücksspielbranche ist gering. Der Konsument der Ware Lottoschein ist von anderer Statur. Bei der Scheinabgabe drängelt er nicht, und seine unter Unsicherheit getroffene Haushaltsentscheidung findet im Rahmen des Ladenschlußgesetzes statt. Als typischen Glückssucher per Lottoschein assoziiert man den Fahrkartenverkäufer der Deutschen Bundesbahn, der die Privatisierung seines Arbeitgebers mit Skepsis betrachtet und bedauert, daß es in der Welt des Einkaufens immer weniger Klebeheftchen für Rabattmarken gibt.

Für den Lottospieler ist kein ästhetischer Schnickschnack kreiert worden. Kein Logo, das signalwirkend leuchtet, keine aufreizende Verpackung, die den Kunden erotisch stimmt. Der lottospielende Freizeitler, das vermuten wir mit Adorno, muß angesichts des bloßen Scheins die Nachbilder des Arbeitsvorganges erfahren, dem er doch auszuweichen suchte. Die Zahlenkästchen vermitteln den spröden Charme einer Steuermitteilung. Das schmucklose Durchschlagpapier, auf dem die Registriernummer aufgedruckt ist, kennt der Berufsmensch in Form des Lieferscheins nur zu gut. Wie nur kann sich der rechnende Wirtschaftsbürger von solch schnödem Schein Woche für Woche verführen lassen?

Der Ursprung allen Glücksspiels ist das exzessive Fest als radikale Umkehrung der bestehenden Verhältnisse für begrenzte Zeit. Der Traum des kleinen Mannes vom großen Gewinn ist nichts als die kollektive Utopie vom »goldenen Zeitalter«, das in der Vergangenheit war und in Zukunft sein wird. So sehr Lotto die individuellen, kleinbürgerlichen Phantasien anfeuert, sein Kern ist eine soziale Utopie. Der biedere Zuschnitt des Spiels ist Camouflage und Programm. Das harmlose Kreuzchen impliziert die große Volte. Wenn das Jackpotfieber steigt, steuert die Nation ihrem Potlatsch entgegen. So bezeichnet der Ethnologe die ostentative Verschwendung angesammelter Vorräte in rituellen Festen. Im hemmungslosen Hingeben von Geschenken hofft man auf noch größere Gegengaben, doch die lustvoll erfahrene, exzessive Verausgabung von Gütern und Körperkräften gefährdet immer wieder auch die Gemeinschaft. Man kann sich der Erwiderung des Geschenks nie sicher sein. Bleibt es aus, drohen Hunger und Tod.

Die wöchentliche Ziehung der Lottozahlen ist, so gesehen, eine gezügelte Wiederholung der Potlatscherfahrung. Der Spieler imaginiert die außergewöhnliche Gegengabe. Auf dieses Prinzip setzt er übrigens nicht allein. Kluge Umweltpolitiker haben ausgerechnet, daß der fortschreitenden Ausbeutung der Natur ganz gut mit einer Umweltlotterie beizukommen wäre. Der Verschwendung des großen Ganzen setzen sie die kleine wöchentliche entgegen. Von solcher Naivität ist der Lottofreund nicht beseelt. Bei jedem Kreuzchen weiß er, daß die Chancen nicht günstig stehen.

# Modem zum Sakralen

Wir werden uns bald wie die Kinder auf den komfortabel ausgebauten Datenautobahnen fortbewegen. So jedenfalls hat es Norbert Bolz geträumt, und das teilt er uns im Auftrag der Telekom beinahe jeden Abend via Werbefernsehen mit. Der Mann versteht sich auf die Sprachen des Unbewußten und läßt nicht ab, es allen zu erzählen. Als mein akademischer Lehrer hatte er seinerzeit sogar versucht, mir die Philosophie Martin Heideggers nahezubringen – mit mäßigem Erfolg. Als Angehöriger der »78er Kohorte« war ich noch nicht reif für die Technik-Kehre, von der Bolz mit sakraler Feierlichkeit kündete. Nun trägt er erlösend nach, man lerne in der Schule ohnehin nicht ausreichend für das Leben. Einer wie er weiß: Man wird alt wie eine Kuh und lernt immer noch dazu. Wohl genährt und sichtlich älter geworden, trägt er nach wie vor die knallbunten Krawatten, mit denen er früher die Kommilitoninnen faszinierte.

Bei dem Bemühen, die Gutenberg-Galaxis wenigstens versuchsweise zu verlassen, spielte mir kürzlich mein neuer PC einen Streich. Kaum daß alles eingestöpselt und die ersten Arbeitsdateien kopiert waren, gab der Rechner aufgeregt blinkend Alarm. Ein Virenerkennungsprogramm, das der Hersteller gratis im Softwarepaket mitgeliefert hatte, kam prompt zum Einsatz. Der herbeigeholte Service-Mann mahnte, in Zukunft besser nichts mehr von fremden Rechnern zu kopieren. Diskettenpromiskuität sei im Online-Zeitalter schließlich nicht mehr nötig. Er glaubte, in mir einen Raubkopierer erwischt zu haben, und meinte, für diese Sünde treffe mich die Geißel des Computergottes völlig zu Recht. Unschuldsbeteuerungen halfen wenig, ich mußte einen Ablaß entrichten. Modem samt Installationsanleitung waren nach kurzer Einführung mein. Die Initiation in die digitale Gemeinde stand noch bevor, aber mich beschlich sofort dieses unheimliche Gefühl wie seinerzeit nach der Erstkommunion: Ich gehörte dazu.

»Hausaltarhaft stehen die Geräte auf unseren Schreibtischen«, schreibt Online-Freak Peter Glaser in seinem Einführungsbuch über digitale Welten und versteigt sich dann zu einer ausgewachsenen Kirchenkritik. »Längst erfüllen die westlichen Kirchen ihre Pflicht, das Kultische lebendig zu halten, nicht mehr ... Unfähig und starr haben die Kirchen die geradezu phantastische Andachtsbereitschaft der Computerbenutzer verschenkt.«* Die Informationsgesellschaft ist also gar nicht auf Informationen und deren schnelle Verarbeitung aus. Im Cyberspace zirkuliert das Kultische. Schamane, Gott und Droge werden digital. »Die Netze«, schwärmt Glaser, »ermöglichen dem einzelnen rauschhafte Gefühle von Omnipotenz, in denen er sich aufblähen kann zu erdumspannender Größe.«

Online miteinander verständig zu sein, schafft erhabene Gefühligkeit. Dank des Ethnologen Roger Caillois wissen wir, daß das Heilige nicht zuletzt zur Segnung des Profanen eingesetzt wird, und in diesem Sinne ist auf den vielen Pfaden des Internets gut wandeln. Was als bedrohliches Gebetsmurmeln erscheint, sind kaum mehr als die Verlautbarungen einer gigantischen Leserbriefseite ohne Zeitung und Redaktion. In den zahlreichen Newsgroups werden Autorenträume jenseits orthographischer Reglementierung wahr. Irgendeiner zwischen New York, Bombay und Berlin wird's schon lesen. Die Leichtigkeit der Kinder, von der Herr Bolz geträumt hat, ist ohnehin eine christliche Basisqualifikation. In der Bibel heißt es an irgendeiner Stelle: »Und wenn ihr nicht werdet wie die Kinder, so werdet ihr nicht in das Himmelreich einkeh-

* Peter Glaser: 24 Stunden im 21. Jahrhundert, Zweitausendeins, Frankfurt am Main 1995.

ren.« Wer die genaue Bibelstelle kennt, wählt bitte: http:www.prz.tu-berlin.de/-taz. Wir erwarten dringend weitere Informationen.

# Vom Niedergang des Hausierens

In den frühen sechziger Jahren war der Hausierer eine weithin geachtete Persönlichkeit. Gegen ein geringes Entgelt schliff er Messer und Scheren, außerdem führte er allerlei nützliche Dinge, wie Gummiringe, Heftzwekken und Bürsten, mit sich. Mit dem Siegeszug der Supermärkte kam der Hausierer mehr und mehr in Verruf. Seine Stecknadeln, hieß es, seien drastisch überteuert. War es zuvor jahrelang ein- und derselbe Hausierer gewesen, so lastete jetzt eine starke Fluktuation auf dem Gewerbe. Manch einer wirkte äußerlich ungepflegt, andere waren alkoholisiert. Wir Kinder erhielten die Anweisung, Hausierer nicht mehr einzulassen.

Der Phänotyp des Hausierers veränderte sich. Als bekannteste Version behauptete sich schließlich die Avon-Beraterin. Sie kam mit Köfferchen, guten Manieren und sehr viel Zeit. Geduldig führte sie ihr Sortiment vor und schon aus Gründen des Anstands kaufte Mutter Lippenstift oder ein kleines Parfumfläschchen. Gewiß legte sie Wert darauf, beim nächsten Mal die neue Duftnote kennenzulernen. Am liebsten probierte Mutter natürlich die Pröbchen. Die Avon-Beraterin verrichtete ihre Tätigkeit mit der Geduld und Diskretion einer Bankangestellten. Dieser glich sie auch äußerlich. Sie achtete sorgfältig auf die Zeitabstände ihrer Besuche, um die Gefälligkeitskäufe nicht zu gefährden. Aber irgendwann war die Luft raus.

Hausieren war primär kein Handel mit Konsumgütern. Anfangserfolge entsprachen dem Niveau anerkannter Höflichkeitsnormen. Die Abnahme kosmetischer Artikel war der Preis für Unterhaltung und Beratung. Zunächst gefielen Mutter die geselligen Nachmittage, schließlich wurde sie der immer gleichen Kommunikation überdrüssig. Die Avon-Beraterin wie den Hausierer mit Gummiringen und Bürsten nicht mehr einzulassen, fiel ihr dennoch schwer. Es muß in der Folgezeit zu unbefriedigenden Verkaufsergebnissen gekommen sein. Der Beratungsverkehr kam völlig zum Erliegen. Parfum, Seife und Lippenstift gab's in der neuen Drogerie ohnehin billiger, wo Mutter die Besitzerin kannte. In der Nachbarschaft traf man sich derweil auf den berühmten Tupper-Partys, die einem Avon-ähnlichen Vertriebsprinzip verpflichtet waren, zusätzlich jedoch auf Geselligkeit setzten. Bald waren die Haushalte der Umgebung mit dem Basissortiment an Tupperware hinreichend ausgerüstet. Für weitergehenden Schnickschnack war diese Nachkriegsgeneration von Hausfrauen allerdings nicht zu haben.

Es gibt sie noch, die Tupper-Partys, nur finden sie nicht mehr im Nachbarschaftskreis statt. Längst haben sie Frauenarbeitskreise und junge Elterngruppen erreicht. Zur fröhlichen Schatullenschau trinkt man Kräutertee und ißt Umweltkekse. Beratungsgespräche aller Art finden nebenbei statt. Irgendeiner Profession gehört jede an, niemand ist mehr nur Hausfrau. Die ausgefeilteste Form des Hausierens hat jedoch der amerikanische Amway-Vertrieb errichtet. Nach der Wende startete man vor allem in den neuen Ländern große Initiativen. Amway freilich wirbt nicht für Produkte, Kosmetik, Körperpflege- und Haushaltsreinigungsmittel. Das Vertriebsunternehmen macht sich um die Steigerungsrate kleiner Gewerbetreibender verdient. Das Ganze funktioniert nach dem Schneeballprinzip etwa so: In Erwartung von Absatzerfolgen im erweiterten Bekanntenkreis kaufe ich Amway-Produkte in überschaubaren Mengen. Ziel meines angemeldeten Gewerbes ist nun jedoch nicht allein der Weiterverkauf der Produkte, sondern das Anwerben neuer Verkäufer. Am Umsatz meiner Schützlinge bin ich prozentual beteiligt. Amway läßt mich und meinesgleichen nicht mit dem Geschäft allein. Mit Schulungsnachmittagen im Thüringischen, in Stil und Atmosphäre einer gigantischen Tupper-Party vergleichbar, fördert Amway meine Werbe- und Verkaufstechniken. Besonders erfolgreiche Anstrengungen werden mit Anerkennung und Orden gratifiziert. Wer es zur diamantenen Nadel gebracht hat, ist fein raus.

In unseren Gründerzeiten hat das Hausieren Chancen, wieder gesellschaftsfähig zu werden. Es gibt Versicherungskonzerne, die mit ganz ähnlichen Prämierungspraktiken große Erfolge verzeichnen. Nur will bei denen der Schneeball ganz unten nicht ins Rollen kommen. Sie stehen mit ihren Köfferchen vor verschlossenen Türen. Selbst die besten Freunde gewähren nur noch Einlaß, gesteht ein glückloser Hausierer, wenn ich verspreche, mein Gewerbe nicht zu erwähnen. Der Mann ist wahrlich ein Fall für eine Banktherapie. »Reden Sie mit uns.«

## KINDERKRAM

Die Aufzucht der Kinder zu umsichtigen Pädagogen, veranschaulichte kürzlich die Inhaberin eines Spielwarenladens, befindet sich in einem fortgeschrittenen Stadium. Die kleine Julia (3) sei munter von Regal zu Regal gehüpft, um der Mutter all die gefährlichen Dinge zu zeigen, an denen Kinder sich verletzen können. Die Geschäftsfrau zeigte sich recht erschüttert, denn auf ihr nicht zuletzt nach pädagogischen Kriterien ausgesuchtes Sortiment war sie stolz. Triumphierend habe die Göre eine Kinderkäsereibe mit zu scharf befundenen Kanten hochgehalten, was die Erziehungsberechtigte umgehend belobigte und mit einem bösen Blick in Richtung Ladenbesitzerin quittierte. Junge Eltern neigen dazu, ihre Version des Kindchenschemas auf beinahe alle Fragen des alltäglichen Lebens auszudehnen.

Julias kleiner Bruder (18 Monate), im Sicherheitsgurt des Buggys sichtlich bewegungsgehemmt, demonstrierte unterdessen, wie man ein paar Wichtelklötze in Wurfgeschosse umfunktionieren kann. Die eher schwachen, ja zögerlich einsetzenden Ermahnungen hielten ihn nicht von einer Wiederholungstat ab. Die Pazifizierung unserer Jüngsten, das scheint diese Episode zu belegen, zeitigt erst in der Phase des fortgeschrittenen Spracherwerbs Erfolge. Die Gefahr freilich, daß bereits in den Kinderstuben lauter kleine Krieger heranwachsen, ist weitgehend gebannt. Man hört nur noch selten von Umtauschaktionen Kriegsspielgerät gegen Buddelsachen.

Wie Kinder an die Produkte der Warenwelt gewöhnt werden, beschäftigt freilich weiterhin die Volks- und Küchenpädagogik. Einen erkennbaren Medieneinfluß kann die Ladenbesitzerin in diesem Zusammenhang durchaus bestätigen. In den letzten Monaten seien Pocahontas-Puppen stark nachgefragt. Als Geschäftsfrau müsse man ständig das Kino- und Fernsehprogramm im Auge haben. Wie übrigens auch die Medien das Wahlverhalten der Kinder beobachten. Der Disney-Club wurde kurzerhand in Tigerenten-Club umbenannt, weil die Janosch-Ente seit Jahren ein Hit ist, während Disney eher der Welt der Eltern-Generation entstammt. Die Figuren aus der »Sesamstraße« sind nach wie vor beliebt, während Power Rangers trotz intensiver Warnungen bei den Kids nie sonderlich gefragt waren. Käpt'n Blaubär und Hein Blöd finden trotz des großen Kritikererfolges nur geringen Anklang. Film und Fernsehen üben offenbar nur einen begrenzten Einfluß auf das Kinderzimmer-Equipment aus.

Als wirksamstes Medium zur Beeinflussung der Kinderphantasie erweist sich indes die Erinnerung der Eltern. Mit Vorliebe kaufen sie für ihre Kleinen Steinbau- oder Stabilbaukästen, mit denen sie einst selbst ihren Forscherdrang befriedigten. Autogaragen und Kaufmannsläden sind weiterhin große Renner. Das gute Kinderspielzeug fungiert als Möbel nach dem geschmacklichen Gusto der Eltern. In fast allen Kinderzimmern finden sich große, bunte Kugeltürme, an denen Ökotischler ihre Phantasien abarbeiteten, mit denen die Kleinen in der Regel aber nicht spielen. Schaukelpferde wie aus Großvaters Zeiten werden in Tischlerkollektiven gefertigt, und es soll Vierjährige geben, die sehr eloquent den Unterschied zwischen Holz- und Plastikspielzeug erläutern können.

Als Trend aus dem Spielzeugland vielleicht noch dies: Ganze Puppenensembles repräsentieren die gute alte Großfamilie mit Oma, Opa, Tante und Freundin. Das Regiment Alleinerziehender wird von den Kindern nur selten als Segen erfahren.

# Die Mehrzweckwaffe

Power Ace, Sophist-O-Twist, Quick 'n Brite und Gartenkralle, so heißen die wundersamen Dinge, für die das Werbefernsehen privater Sender eine stattliche Staffel kleiner Demonstrationsfilmchen bereithält. Tele-Shopping heißt die internationale Veranstaltung, zu deren Produktpalette beispielsweise der Schraubenzieher zählt, mit dem man um die Ecke drehen kann. Oder die Bratpfannenhaube, die ekelige Fettspritzer unterm Deckel hält und dabei noch schonend gart. Den praktischen Dingen des Tele-Basars gemeinsam ist ihre vielseitige Verwendbarkeit. Unter Ausnutzung der Hebelgesetze erfüllt die Gartenkralle die Funktion von Harke, Hacke und Spaten, und das Power Ace kommt als Notstromaggregat in der Umhängetasche daher. Wenn der Motor keinen Ton mehr von sich gibt, ersetzt der handliche Beutel Überbrückungskabel und Zweitauto. Wer häufig vergißt, das Licht auszumachen, für den wird das Power Ace bald zum unverzichtbaren Tornister. Taschenlampen, Feuerzeuge und mittelgroße Atomkraftwerke lassen sich scheinbar mühelos anschließen. Die elegante Stromspende erweist sich als Kavaliersakt wie das Feuer geben.

Die Mehrzweckwaffe huldigt dem Schnäppchenprinzip. Es kann nicht nur Geld gespart werden, sondern auch die Funktion anderer Geräte bei gleichzeitiger Demonstration von Modernität. Das kann schiefgehen, denn die Funktionstüchtigkeit der diversen Anwendungsmöglichkeiten ist nicht durch jahrzehntelangen Gebrauch verbürgt. Weil es sich stets um Neuheiten handelt, gehören zur Kaufentscheidung Risikobereitschaft und der Wille zu Distinktionsgewinnen. Der tägliche Einsatz von Dingen, die andere gar nicht kennen, kann Freude bereiten. Die Mehrzweckwaffe kommt besonders vor dem Hintergrund gesteigerter sozialer Mobilität zum Tragen. Sie hat den Typ des kritischen Verbrauchers im Visier, der viel auf sich hält, weil man ihm nicht alles andrehen kann. Er setzt auf Wert statt Billigware, Marke statt No-name, Funktionalität statt Schnickschnack.

Genau hier will ihn die Mehrzweckwaffe treffen. Sie entstammt derselben Quelle wie das Qualitätsprodukt. Ihr Wasser ist die an den Theorien des Bauhauses geschulte Reflexion über Zwecke. Die Gartenkralle ist Bauhaus pur, indem sie die Nützlichkeit bekannter Geräte zu kombinieren verspricht. Der kritische Verbraucher, der die Tücke des Objekts natürlich sofort wittert, wirft ein ideengeschichtliches Mißtrauen gegen die Neuheit ins Feld. Wenn ihre Anwendung praktisch und einleuchtend ist, warum gibt es sie dann nicht seit langem?

Die Innovationslust der Mehrzweckwaffe steht hier gegen die Traditionslinie des zweckgebundenen Geräts. Wie auch immer, als Zeichen des sozialen Wandels sollte man dem Mehrzweckgerät weiterhin Aufmerksamkeit schenken. Michael Rutschky und seiner kleinen Theorie des Ungeschicks verdanken wir den Hinweis, daß es sich bei der Mehrzweckwaffe um eine Überdetermination im Freudschen Sinne handelt. In der Vielzahl der Zwecke kann man sich schnell verheddern, und es entsteht nicht selten Slapstick. Eben das genießt der kritische Verbraucher und erfreut sich daran, daß die anderen wieder massenweise auf den ganzen Unsinn hereinfallen. Doch quält nicht auch ihn gelegentlich die Ungewißheit, ob die ein oder andere Mehrzweckwaffe recht nützlich sein könnte? Zum Beispiel die praktische Fahrradluftpumpe von Tchibo – oder war's Eduscho –, die zugleich als Zahlenschloß dient.

## Über die Mütze

Das Handy, um es an dieser Stelle mal so zu sagen, liefert nicht zuletzt Hinweise auf den raschen Zeichenschwund im Reich des Luxus und der Moden. Wenn es nebenan im Boss-Jackett surrt oder in der Bundfaltenhose zirpt, darf man davon ausgehen, daß es sich beim Träger um den Angehörigen einer an Informationen orientierten Gruppe handelt. Mitglied einer Elite ist er deshalb nicht. Das Wort von der Info-Elite ist denn auch eher aus der Unsicherheit geboren, neue Eliten ausfindig zu machen. Weiterhin gilt: Wer auf sich hält, hat kein Handy, sondern einen Sekretär.

Ein anderes Beispiel für eine Symbolokkupation gibt indes die Mütze. So finden sich auf den exklusiven Golfplätzen dieser Welt, wo viel von Handicaps, aber wenig von sozialen Rangunterschieden die Rede ist, allerlei Variationen der sogenannten Schiebermütze. Die eigentlichen Schieber, laut dtv-Lexikon kleine Börsenspekulanten, die Warentermingeschäfte verschieben, trugen sie gar nicht. Ihren despektierlichen Namen bekam die karierte Schirmkappe erst, als man die undurchsichtigen Geschäfte kleiner Straßenganoven Schiebung nannte. Der Mütze ging es in diesem Fall wie den Opfern der Delinquenten, »sie wurde über's Ohr gehauen«.

Das Schicksal, von einer distinktionsversessenen Schicht angenommen zu werden, mußte seinerzeit die Baskenmütze erdulden, die zunächst vor allem von Fischern in der Biskaya-Region getragen wurde. Die schirmlose Mütze wird bekanntlich aus Filz geformt, wobei die überstehenden Enden der Kettelfäden in der Mitte zusammenlaufen und schließlich den charakteristischen Zipfel ergeben, der auf die Intellektuellen aller Länder großen Eindruck machte. Die Baskenmütze bedeutete für Richard Wagner (Musiker) nicht minder als für Rudi Dutschke (Revolutionär), daß man geistig auf der Hut ist. Die sozialen Aneignungsprozesse verlaufen keineswegs nur von unten nach oben oder umgekehrt, sondern kreuz und quer. Die Zeichen wechseln so schnell wie ein kleiner Lederball fliegt, wenn er von einem Holzknüppel geschlagen wird. Eine Baseballmütze wird längst auch von denen aufgesetzt, die die namengebende Sportart mit jener verwechseln, die O.J. Simpson ausgeübt hat.

Daß die Schirmmütze in unseren Zeiten eng mit dem Sport verbunden ist, belegen weitere Beispiele. Unser »Mann mit der Mütze«, Helmut Schön (Fußballtrainer), gestattete der Schiebermütze eine gnädige Wiederkehr als Zeichen des Biedersinns. Für David Wottle (Läufer) war sie sowohl eine praktische Kopfbedeckung zum Zusammenhalten der Haarpracht als auch ein augenfälliges Unterscheidungsmerkmal einsetzender Individualisierungskämpfe. Niki Lauda (Rennfahrer) glaubt, eine unfallgeschädigte Gesichtshälfte verbergen zu müssen. Für Axel Schulz (Boxer) und Michael Schumacher (Rennfahrer) ist die Kappe unterdessen zu einer zweckmäßigen Erweiterung des Körpers als Werbefläche geworden. Bei Franziska van Almsick (Schwimmerin) hingegen nehmen wir das Käppi gewissermaßen totemistisch, als Kultzeichen ihrer Jugendlichkeit. Schlaue Soziologen haben derweil erklären können, warum gerade die Baseballmütze als Signum der Generation X gelten kann. Die Unbestimmtheit ihrer Zukunft – X ist nicht bloß eine genormte T-Shirt-Größe, sondern auch die mathematische Variable – wird trefflich ausgedrückt in der verstellbaren Kopfgröße. Man trägt sie verkehrt herum, die Einheitspaßform auf der Stirn.

Schutzfunktion hin, religiöse Herkunft her, auch für die Mütze gilt: Kultur erzählt man sich am liebsten als Verfallsgeschichte. So heißt es in einem Katalog, der »die guten Dinge« verhökert, vom englischen Bowler-Hut: »Er wird von gewesener britannischer Größe noch Zeugnis legen, wenn der apokalyptische Kanaltunnel längst Millionen von Baskenmützen und tollwütigen Festlandskarnickeln den Weg auf die Insel eröffnet haben wird.«

# Versicherung am Handgelenk – die Rolex

Der Handballtorwärter Thiel gab seinerzeit den Hinweis, daß der Leistungssport der Klassengesellschaft nachgebaut ist. Die Arschlöcher mit den Rolex-Uhren, meinte er während einer Olympiade, verpesteten das einträchtige Mannschaftsleben. Seine Mißfallensbekundung zielte nicht auf die Kollegen seines Metiers, sondern auf die besser verdienenden Profifußballer, die erstmals am Weltsportfest der Amateure teilnehmen durften. Der Zeitmesser fungierte in diesem Sinne als Grenzmarkierung zwischen bezahlter und unbezahlter Körperertüchtigung.

Die Rolex taugt nicht nur zur Demonstration von Einkommensverhältnissen, sondern zeugt von existentiellem Kampf. Für die starken Typen von Potsdamer, Zeil und Reeperbahn hat sie zu allererst einen lebenspraktischen Sinn. Wenn die Luft im Milieu dünner wird, vertraut man auf die güldene Reserve am Handgelenk. Wem die Stunde schlägt, dem kann die Rolex Gold wert sein. Auf der Flucht kommt es darauf an, die Zeichen der Zeit so schnell wie möglich zu erkennen. Gefährdeten Freiberuflern dieser Sparte war der teure Uhrschmuck seit jeher die unmittelbarste Form der Lebensversicherung.

Kein Mensch, sollte man denken, trägt heute noch Rolex. Wen das Zuhälter-Image nicht abhalten konnte, der störte sich zuletzt vor allem an den Billig-Imitaten aus Taiwan und anderswo. War die kostbare Präzisionsuhr gerade wegen ihrer Haltbarkeit ein Zeichen für die Vergänglichkeit des Lebens, so degradierte die Swatchphase sie zu einem Zeichen der Unfähigkeit, sich auf den Geschmackswandel einzustellen. Gegen den Quartz-Schnickschnack und die regressiven Fun-Fabrikate galt die Rolex als protziges Stück Schwermetall. Den Rest regelte der Goldpreis.

Wenn nicht alles täuscht, steht zum Ausklang des Jahrhunderts eine Renaissance der Rolex bevor. Wenn Henry Maske seine Fäuste erhebt, drängelt sich allerhand Pack mit Klunker am Boxring, um als prominent zu gelten. Man liebt's wieder *tough* mit herbem Proll-Touch. Die Arbeiterklasse hat, so Michael Rutschky, kulturell gesiegt, und der Proletarier hat nichts zu verlieren außer seinen Goldkettchen. Er begibt sich auf Expeditionen aller Art und dazu braucht es nun einmal solides Zeitmeßwerkzeug. »In vielen Gegenden unserer Erde«, teilt die Rolex-Werbeabteilung mit, »sei es in einer weiten, glühenden Wüste oder der Einöde des Polargebietes, könnte in diesem Moment ein Forscher seine Position bestimmen.« Das bewerkstelligt er am besten mit der Rolex-Oyster, denn nur ihr, das weiß er mit den Leuten aus der Potsdamer, »vertraut man sein Leben an«.

Das ist übrigens ganz buchstäblich zu verstehen, denn die Vorliebe für Goldenes an Ohr, Hals und Handgelenk ist psychologisch tief verankert. Das Gold, erläutert Wolfgang Harsch* anschaulich in seiner psychoanalytischen Geldtheorie, ist ein Kotsubstitut, das den kindlichen Kot symbolisiert, den das Kleinkind der Mutter schenkt, um mit ihr wegen des Milchraubs quitt zu werden. Der geruchsarme Kinderkot, das wissen alle, die Umgang mit jungen Eltern pflegen und deren Freude über das Häufchen kennen, ist das erste Geschenk. So war denn wohl auch die Bezeichnung des Torwärters Thiel zu verstehen, als er die anale Ausdrucksweise für seine Kollegen aus der benachbarten Berufssparte fand.

* Wolfgang Harsch: Die psychoanalytische Geldtheorie, Fischer TB, Frankfurt am Main 1995.

# Schnäppchenkauf

Zu den Begleiterscheinungen der Transformation, wie Soziologen die Umbruchs- und Wandlungsprozesse in den ehemals sozialistischen Ländern nennen, gehört der kleine Grenzverkehr, der noch immer reger ist als der zwischen gewöhnlichen Nachbarländern. Die fremde Umgebung samt ihren Gepflogenheiten und der unbekannten Warenwelt muß ausgiebig erkundet werden. So fahren die Berliner, keineswegs für ausgeprägten kulinarischen Sinn bekannt, am Wochenende gern nach Polen, um frischen Aal zu kaufen. Der soll günstiger sein als in der Markthalle nebenan, der kleine Ausflug läßt sich mit Nützlichem verbinden. Zum wiederholten Mal seien deutsche Aalfreunde nun aber reingefallen. Die polnischen Fischverkäufer sollen den größten Teil selbst gegessen und die Fischreste mit einem Stück Fahrradschlauch zu einem optisch recht ansehnlichen und vollständigen Aal zusammengefügt haben.

Die Episode zeigt, daß sich der Schnäppchenkauf als ein Handel mit hohen Unsicherheitsanteilen erweisen und schiefgehen kann, Regreßforderungen zwecklos. Wer auf Schnäppchen aus ist, läuft Gefahr, am Ende mit leeren Händen oder doch mit weniger als gedacht dazustehen. Das lehrt schon die Kindersprache, der zufolge Schnappen das glückliche Fangen eines beweglichen Gegenstands bedeutet. Man muß im rechten Moment zupacken können. Fallenlassen wäre freilich ebenso Scheitern wie das Unterlassen eines Fangversuchs.

Ein weiteres Merkmal des Schnäppchens ist der verlockend günstige Preis für ein als hochwertig angesehenes Produkt. Die Konstellation von Zeit, Wert und Preis macht das Schnäppchen aus und läßt sich künstlich nur unbefriedigend herstellen, wie das saisonale Branchenjammern nach Sommer- und Winterschlußverkäufen zeigt. Das Schnäppchen läßt sich seitens der Anbieter nur schwer organisieren. Seine adäquate Verkaufsform ist die öffentliche Versteigerung; hier kommen die Launen der Käufer vollauf zu ihrem Recht.

Zum Beispiel Pferdeauktionen. Die Preise bei solchen Verkaufsschauen schwanken nicht selten zwischen 5000 und 500 000 Mark, der Viehmarkt entpuppt sich als Spiegel schicksalhafter Entscheidungen. Ein Königreich für ein Pferd. Hier eine Okkasion zu bekommen, verlangt mehr, als nur den richtigen Zeitpunkt zu treffen. Irgendeinen Makel muß das angepriesene Tier ja haben, auf das der Auktionator schon nach wenigen Handzeichen kein weiteres Gebot mehr erhält. Wir halten fest, daß neben dem passenden Augenblick genaue Produktkenntnis die wichtigste Voraussetzung zum Schnäppchenkauf ist. Das ist beim Pferdekauf natürlich so eine Sache, aber auch aus dem Gebrauchtwagenhandel wäre da so manche Geschichte zu erzählen.

Der Schnäppchenkauf jedenfalls basiert auf einer unübersichtlichen Marktsituation, die durch Angebot und Nachfrage allein nicht zu erklären ist. Wir tippen auf eine bedeutsame soziale Komponente. Die feinen Leute sind diesmal aus dem Spiel. In der Regel kennen sie den Wert der Qualitätsprodukte und sind in der Lage, den entsprechenden Preis zu zahlen. Überstürzte Entscheidungen sind ohnehin nicht ihre Sache. Sie legen Wert auf Qualität und wissen stets, wo sie diese kaufen. So halten sie sich den gemeinen Konsumenten vom Leib. Drängeln am Wühltisch ist ihnen zuwider.

Der prädestinierte Schnäppchenjäger ist vom sozialen Typus her Aufsteiger. Bei gleichzeitiger Zeitersparnis möchte er teilhaben am demonstrativen Konsum der müßigen Klasse. Dabei kommt ihm mangelnde Produktkenntnis mitunter in die Quere. Unsere Aalkäufer wollen vermutlich gar keinen Aal, sondern nur das Gefühl davon, und das besonders günstig. Die Schnäppchenjagd ist das Glücksspiel des »homo oeconomicus«. Ganz so billig sollen aber auch die feinen Leute nicht davonkommen. Bei Pferdeauktionen kommt es vor, daß einige immer das höchste Gebot halten müssen. Ihr Schnäppchen ist dann der Applaus der bewundernden Menge. Sie spielen bloß in einer anderen Liga.

## Bäder einer Ausstellung

Weiche Rundungen und sanft geschwungene Linien, die Orientierung an den menschlichen Körper ist unübersehbar. Bei der Katalognummer 59 ist die Linienführung feminin, die Farbe Indisch-elfenbein. Die Exponate sind behutsam gestellt, ursprünglicher Zweck und Ausstellungscharakter spielen unaufdringlich zusammen. Die Barockabteilung wirkt schwer geträumt. Wanne auf freistehenden Löwentatzen, kontrastiert mit schwülstigen Kreuzgriffen aus Messing. Ein Raum weiter Aloha zum Fortträumen, sowohl als Rund- und Ecklösung. Am Ende des Saales endlich der Whirlpool Arcadia – Bad goes Art.

Wir befinden uns in einer Fachausstellung für Bad- und Sanitäranlagen, eine Branche feiert ihre Artenvielfalt. Ach, wenn Joseph Beuys das noch gesehen hätte. Statt dessen nun die Prunkaskese eines Philippe Starck, kleine Wanne, ökologisch einwandfrei, weil wassersparend. Anthroposophisch geriert sich die Armaturenkollektion Waldorf. Der Handtuchring sieht aus wie ein Handtuchring, der Papierhalter wie ein Papierhalter, allein die Einlochbatterie ist robust wie ein Haltegriff im Eisenbahnwaggon. »Erlebnisraum Bad« tönen die Vierfarb-Prospekte, »Das Badezimmer mausert sich zur guten Stube« hat unterdessen ein Kollege der »Zeitung für Deutschland« herausgefunden.

Düker, Keramag, Bette und andere beenden ein dunkles Kapitel europäischer Zivilisation. Ihre Bäder sind der vorläufige Höhepunkt einer Abkehr vom Prinzip der Abwaschung und der Hinwendung zur totalen Regeneration. Der Untergang des schnellen Brausebades steht bevor. Kaum ein Duschkopf, der nicht auch massieren könnte, Whirlpool-Düsen wohin man tritt. Auf zwölf Quadratmetern Platz für Urlaub, Sex und lange Weile, oder wenigstens die Ahnung von dergleichen.

Dabei war die Geschichte des Bades seit der Renaissance eine des Niedergangs. Im 17. und 18. Jahrhundert, stellt Siegfried Giedion fest, kam es fast zu »einem Vergessen der Körperpflege... [Das Zeitalter, H.N.] verfügte über ein sublimiertes Raumgefühl, eine hochgezüchtete Musik und scharfes, systematisches Denken. Es kannte die Verfeinerungen des Lebens. Aber es machte plötzlich halt, wenn es sich um die Pflege des Gefäßes handelt, das diese Dinge zusammenhält: den Körper.« In der Antike und im Islam, ja sogar im Mittelalter zählte die Körperpflege zu den unabweisbaren Pflichten der Gesellschaft. Römische Thermen, türkisches Hammam und russisches Dampfbad waren zugleich soziale Institutionen der körperlichen Reinigung und der Geselligkeit. In der Nachfolgezeit von Reformation und Gegenreformation wird die Abwaschung privatisiert. Nacktheit ist fortan Sünde. Man spürt's noch in den Prospekten für die postmoderne Happening-Baderei. In einer Düker-Bad-Anzeige zum Beispiel bedeckt eine Badende im Rundpool schamhaft ihre Brust mit einem Badeschwamm. Das Erlebnis Badezimmer findet vorerst also im Museum statt. Oder können Sie sich vorstellen, Ihre Freunde zu Champagner und Salzstangen in Ihr teures Emailgefäß einzuladen? Man erkennt es auch an der Preispolitik, die ebenfalls der »art world« verpflichtet zu sein scheint. Abweichungen vom Normalmaß kosten ein Vielfaches.

Was den Körper als Sünde angeht, kann freilich Entwarnung gegeben werden. In den öffentlichen Saunen begegnet man, vornehmlich nach Feierabend, gemischten Bürobesetzungen, die sich über Ozonloch, Surfen und Urlaub auf der Dominikanischen Republik austauschen. Sexuelle Belästigungen mag es am Arbeitsplatz geben, in der Sauna eher nicht.

# Erlebnis Sitzen

Die Wohngemeinschaftswelt der siebziger Jahre hatte ein problematisches Verhältnis zum Komfort. Schaumstoffmatratzen auf dem Fußboden dienten als Bett, Kisten aller Art ersetzten Schrankmöbel. Allein die Stereoanlage wurde auf einem sorgsam mit der Wasserwaage angebrachten Regal – soll man sagen, altarähnlich? – plaziert. In der Eßküche, dem geselligen Zentrum einer WG, hockte man meistens auf Klappstühlen. Trotz pathetischer Formeln vom Kommuneleben schien man zu spüren, daß diese Lebensform improvisiert war. Die Einstellung zur Bequemlichkeit glich einer mittelalterlichen, als man eher hockte denn saß. Noch um 1500 wurden Tisch und Stuhl gleichzeitig als Behälter verwandt. Man saß auf Truhen, in denen im Fluchtfall schnell alle Habseligkeiten verstaut werden konnten.

Der Geist der Kommune schien einer ähnlichen Mobilität verpflichtet. Schon 1948 stellte Siegfried Giedion fest, daß der klassische Mies-van-der-Rohe-Freischwinger, der Ende der siebziger Jahre von avancierten Kreisen als universelles Sitzmöbel wiederentdeckt wurde, seinen Vorläufer im Fahrersitz amerikanischer Landmaschinen hatte. Mobilität, Bodenständigkeit und Komfort fanden nun zu einer Einheit. Seither ist sehr viel geistige Anstrengung auf das Design von Stühlen und Sesseln verwandt worden. Sogar Jean-Luc Godard und Jean Baudrillard konnten als Werbeträger für Drahtstuhlgestelle verpflichtet werden. Vom bloßen Hocken ist man zum Erlebnissitzen übergegangen.

Die norwegische Firma Stokke, bei jungen Eltern vor allem wegen des äußerst stabilen, standfesten und verstellbaren Kindersitzes bekannt, bietet eine breite Palette an dynamischen, bewegungsfördernden Stühlen, ja sogar Tischen. Stokke Actulum ist ein Kufenstuhl, der die Eigenschaften von Büro- und Schaukelstuhl zu verbinden scheint. Die Sitzmöbel folgen der Erkenntnis, daß Arbeit und Freizeit nicht mehr voneinander zu trennen sind. Stokke Ekstrem, Ansichtsexemplare finden Sie in Ulrich Meyers Sat 1-Sendung »Die Menschen hinter den Schlagzeilen«, bietet sich nicht nur als Sessel, sondern außerdem als moderne Skulptur an. Von der nächtlichen Küchen-Diskussion über Fetischcharakter zum Conversation-piece. Doch auch das Hocken gibt's bei Stokke noch: Move heißt eine besonders komfortable Ausführung des Arbeitssitzes, der in hiesigen Designer-Kreisen als Stitz (Stuhlsitz) bekannt ist, bestens geeignet für den Bauch des Architekten. Das Stokke-Selbstbewußtsein, um noch dies zu sagen, drückt sich besonders in verschiedenen Ausführungen des Modells Thatsit aus. Der Name ist Programm.

Angesichts der vielfältigen Formen beschwingten Sitzens in unseren Tagen sollte man noch einen Aspekt nachtragen, auf den Elias Canetti hingewiesen hat. »Der Stuhl in der Form, wie wir ihn heute kennen, leitet sich vom Thron ab; dieser aber setzt unterworfene Tiere oder Menschen voraus, die den Herrscher zu tragen haben.« Das Fehlen des Sitzkomforts im mittelalterlichen Alltag drückt nach Canetti weniger Primitivität als vielmehr einen anderen Umgang mit Macht aus. »Die Variationen des Sitzens sind im Grunde immer Variationen des Drucks. Gepolsterte Sitze sind nicht nur weich, sie vermitteln dem Sitzenden ein dunkles Gefühl davon, daß er auf Lebendem lastet. Das Nachgeben der Polsterung, ihre elastische Spannung hat etwas vom Nachgeben und der Spannung lebenden Fleisches.« Der Klappstuhl der Wohngemeinschaft war so gesehen auch Ausdruck eines anderen Verhältnisses zur Macht.

Zu Hochzeit und Taufe hält man sich besser an feine Ornamentik oder Goldapplikation. Die Konversationslinie verläuft in der Regel an der erlesenen Ätzkante, die wegen ihres aufwendigen Herstellungsverfahrens übrigens zu den Höhepunkten der Porzellankunst gerechnet werden darf. Nichts symbolisiert die Familie treffender als das gute Geschirr. Der Kummer ist groß, wenn ein Stück des geschlossenen Ensembles in die Brüche geht. Das Einzelstück gilt prinzipiell als wertvoll und unersetzlich. Vor dem Hinzukauf aus der noch im Handel erhältlichen Serie stehen ungeschickte Rettungsversuche mit Sekundenkleber. Die Verwendung des guten Geschirrs war seit jeher eucharistisch. Die meiste Zeit im Schrank, deckt man es feierlich auf für erbetene Gäste.

Ein Spießer, wer Mamas Gutes spießig findet. Zwischenzeitlich war von Gitterrelief und Blütenkantendekor in Weiberräten und anderen Kränzchen weniger die Rede. Statt dessen flog manch ein Aussteuerstück durch die kalte Küche des Geschlechterkampfes. Mittlerweile sorgen sich Ersatzväter um den grazilen Flügelschlag der Henkeltassen, wenn die Kleinen alleinerziehender Mütter diese in den Geschirrspüler bugsieren. Es scheint, als hätten die Arzbergs, Hutschenreuthers und Rosenthals besser in die Moderne gefunden als die Keimzelle der Gesellschaft. Design oder Nichtsein, ist das – mal ehrlich, Frau Nolte – noch eine Frage?

Rosenthal zum Beispiel unterscheidet zwischen »classic« und »studio-linie« (deutsch gesprochen und nicht zu verwechseln mit dem ähnlich klingenden Haarstyle-Mittel). Der Italiener Aldo Rossi hat für letztere eine kleine Tischarchitektur entworfen, in der Kaffeekannen aussehen wie Leuchttürme, Zuckerdosen wie Strandhäuser und Salzstreuer wie Obelisken. Das fördert nicht zuletzt den Spieltrieb von Kindern, die bereits mit der Vielfalt europäischer Küsten und Strände vertraut gemacht worden sind. Dorothy Hafner hingegen setzt auf dynamische Formen, die auf New Yorker Stadtlandschaften anspielen. »Flash«, so heißt es, sei pure Lebensfreude zu jeder Tageszeit, deutet andererseits aber auf übertriebenen nächtlichen Testbild-Konsum, während »Asimmetra« von Björn Wiinblad an intensiven Rauschmittelgenuß erinnert.

Angesichts des grassierenden Design-Wollens kann der Hinweis auf eher puristische Bauhaus-Größen nicht schaden, die bei ihrer hartnäckigen Suche nach schönen, zweckmäßigen und zugleich preiswert herzustellenden Formen keineswegs zu träumen vergaßen, wie ein Satz Wilhelm Wagenfelds belegt. Eine Kanne sei erst dann vollkommen zweckmäßig, meinte Wagenfeld, »wenn sie nicht allein gut gießt, den Deckel hält und sicher steht, sich leicht reinigen läßt und bequem zu handhaben ist. Hierüber hinaus müssen diese Vorzüge einen schönen Gebrauch hervorrufen, damit wir den Händen, welche uns den Tee einschenken, gern zusehen.« Schön gesprochen.

Das gute Service, so jedoch mein Verdacht, ist gediegener Klassik, allenfalls einer gewissen Rokoko-Anmut verpflichtet. Ein auf Familientradition setzender Hersteller wie Rosenthal garantiert denn auch die ewige Produktion seiner klassischen, natürlich spülmaschinenfesten Serien. Was man von den Neuheiten nicht sagen kann. Das grün-schwarze Ensemble »Frisco« fand offenbar nicht den gewünschten Anklang beim Kunden und läuft aus. Etwas beschämend war es dann doch, als Schwiegermutter neulich gutmeinend frohlockte, sie habe für uns noch einige Einzelstücke im Ramsch-Verkauf erstanden.

# Die Zentralverriegelung

Die tollkühnen Männer in ihren rasenden Kisten – Jim Clark, Jochen Rindt und Ayerton Senna – starben nicht für Freiheit, Abenteuer und Selbstverwirklichung, schon gar nicht für das menschliche Bemühen, von hier nach da zu kommen, sondern für das Amalgam der Industriegesellschaft: Sicherheit. Brennende Asbestanzüge waren, so gesehen, nur ein übertrieben emphatisches Plädoyer für die Kasko-Versicherung. Die Mission scheint erfolgreich gewesen. Dreifacher Auto-Überschlag in Zeitlupe bei sentimentaler Musik, der Geschwindigkeitsrausch wird nunmehr im Zeichen der Langsamkeit zelebriert. Wo Airbags wallen und das stählerne Gehäuse des Seitenaufprallschutzes posiert, protzt niemand mehr mit der Beschleunigungszeit zwischen null und hundert. Wenn Lotto-Lothar nächtens bierdumpf entschlummert, träumt er nicht von Highway und Lamborghini, sondern höchstens von dessen Wegfahrsperre. Das Dilemma, die schnellen Gefährte nicht mehr sicherer machen zu können, lösen die wackeren Ingenieure zunehmend ästhetisch. Statt Sicherheit aus Schwedenstahl kubistische Seitenairbags. Ganz nach ihren antiken Erfindervorbildern, die kein Nützlichkeitsdiktat kannten, basteln sie nun an Konstrukten des Wunderbaren.

Vorläufiger Höhepunkt dieser Entwicklung ist die Zentralverriegelung. Die einzige Gefahr, die hier noch zu bannen wäre, lauert im Sozialen. Die Zentralverriegelung bewahrt vor der Schusseligkeit, das Drücken des Knöpfchens zu vergessen. Durch dezente Befehligung der Elektronik schließt man auch noch die Seitenfenster. Welch ein Triumph der Höflichkeit: Hydraulik statt Beifahrerermahnung. Das alles hat nur noch schwache Bindung zum Rationalen. Das Prinzip Zentralverriegelung ist virtuelle Verschließbarkeit. Was hülfe in unseren Zeiten aber die beste Diebstahlsicherung, wo doch jeder Kontakte zu irgendeinem Gaudino-Clan pflegt?

Der Zweck hängt an einem dünnen Faden über lauter Geträumtem. Die Befriedigung der Machtphantasien von Angestellten – »alle Türen schließen auf mein Kommando« – ist ein noch zu überwindendes Ungeschick der Branche. Die Zukunft gehört der serienmäßigen Zentralverriegelung in allen Klassen. Den Hinweis auf das Geheimnis Zentralverriegelung verdanken wir übrigens Kapielski und Freunden. In der bedeutsamen Veröffentlichung *Der Einzige und sein Offenbarungseid. Verlust der Mittel* (1994) heißt es vielsagend: »Neulich fragt einer, welches das schönste Geräusch ist, das er kennt, da sagt der: ›Zentralverriegelung‹. Wie bitte? Das ist, wenn du im Auto sitzt, kannst du mit dem Schlüssel sämtliche Schlösser, Türen, Kofferraum, alles auf- und zuschließen, das dreht sich dann so ›Krllbsch‹ einmal um dich im Kreis, is wundersam und wunderbar. Und E-musikalisch.« Weil Funken nicht da ist, schweift das Gespräch ab, und man erfährt nichts weiter über die Zentralverriegelung. Ihr ganzes Mysterium ist noch nicht gelüftet.

## Unter Verschluss

Einer norddeutschen Brauerei, deren Bier besonders Witzbildchenfreunde zugeneigt sind, kommt der Verdienst zu, die wiederverschließbare Flasche in unsere Warenwelt hinübergerettet zu haben. Allenfalls eine altmodische Attitüde des Erzeugers, feierte sie plötzlich Triumphe im Supermarkt der Geschmacksunterscheidungen. Die verschließbare Bierflasche ist ein Überrest aus der Wirtschaftswunderzeit, als die Pausen am Bau – und die ganze Republik war ja irgendwie in Bau – zu kurz waren, um die Flaschen vollständig zu leeren. Schaffe und Häusle baue, und das Bier blieb derweil haltbar. In der Freizeitgesellschaft vorm Fernseher mußte das halb konsumierte Getränk als lästiger Triebaufschub erscheinen. Im Zeitalter des Narzißmus, in das wir Christopher Lasch zufolge irgendwann übergewechselt waren, zählt hingegen der unmittelbare Vollzug, Triebbefriedigung now. Die Akzeptanz aufbewahrten Bieres sank gegen null.

Der Flaschenverschluß ist freilich kein originäres Zubehör der Bierflasche. Das klassische Modell ist der Sektflaschenverschluß. Es besteht aus zwei Metallbügeln, die durch einen Gummiring mit elastischem Druck zusammengehalten werden. Mit Handdruck wird der Verschluß über den Flaschenhals gestülpt, bis zwei Bügel über den Flaschenhalsrundungen einrasten. Mehr oder minder luftdicht abgeschlossen, verbleibt die Kohlensäure in der Flasche. Das kann schiefgehen. Wer kennt nicht die Folgen eines Flaschenverschlußabschusses im geschlossenen Kühlschrank? Manche Modelle werben ausdrücklich damit, daß sie dichthalten können, wegen ihrer starken Stahlfeder, hochglanzvernickelt. Es gibt Spaßmodelle, deren formliche Heiterkeit scheinbar der beschwingten Gesellschaft entsprechen soll. In diversen

Ausführungen, obszöne Figürchen und dergleichen, wird das Prinzip des Korkens nachgeahmt. Wie bei den meisten Scherzartikeln wird Funktion nur imitiert. Der Sektflaschenverschluß als Scherzartikel ist zugleich mißlungene Nachahmung und Parodie des Aufsteigermilieus. In feucht-fröhlichen Gruppengelagen benötigt man sowieso keinen Verschluß, hier bemißt man die Qualität der Stimmung anhand der Zahl vollständig geleerter Flaschen. So erweist sich der Sektflaschenverschluß als Gebrauchsartikel für avancierte Kreise.

Eindeutiger als der Allgemeinbegriff kennzeichnet unseren Gegenstand derzeit die Bezeichnung Prosecco-Verschluß. Prosecco verbürgt als junger Sekt jugendliche Frische, er bietet eine raffinierte Distinktion zum demonstrativen Champagnersaufen der neuesten Emporkömmlinge. Wer Prosecco trinkt, achtet auf gemäßigten Alkoholkonsum, was die Verschlußfunktion evident macht. Die Aufbewahrung ist ein Zeichen für Affektkontrolle. Der Prosecco-Verschluß ist aus schwerem Edelmetall in schlankem Italodesign, dessen Gewicht die Sicherheit im Kühlschrank garantiert. Keine Chance für die Kohlensäure. Die Reinheit des Metalls korrespondiert mit der Klarheit des Getränks. Der Prosecco-Verschluß eignet sich vorzugsweise als Geschenk. Hilfreiche Gebrauchsanweisungen geben zwischen den Jahren selbst die Feuilletons der seriösen Periodika nach dem Motto: Genußberatung statt Weihnachtsgeschichte.

Das Problem von Aufsteigern ist, daß sie selten Gewißheit über die erreichte Position erlangen. Das hält auch die Ansichten über die Gebrauchsgegenstände in Bewegung. Am besten, so stand es in einem Artikel eines selbsternannten Gourmets, stellt man die angebrochene Flasche zurück in den Kühlschrank, ohne jeden Verschluß.

## Das Buttersiegel

Wie der Alltag funktioniert, das wunderbare Zusammenspiel von fließender Zeit und immer wiederkehrenden Handlungen, bemerkt man erst, wenn etwas in die Quere kommt. Bis vor kurzem war mir beispielsweise nicht aufgefallen, daß ich am Kühlregal des Supermarkts immer nach derselben Sorte Butter greife, dieser dänischen in silbernem Papier. Daß wir schon sehr früh in die Ikonographie der Warenwelt eingeübt werden, die ihrerseits wieder auf tiefverwurzelte Mythenbestände zurückgreift, konnte ich kürzlich an meiner kleinen Nichte beobachten. Gezielt verlangte sie nach der Käsesorte mit dem Rotkäppchenemblem, und anschließend war das Abspielen der Kassette mit dem entsprechenden Märchen obligatorisch. Welche Butter aufs Brot kommt, war ihr hingegen vollkommen gleichgültig. Weshalb also über dänische Butter nachdenken?

Es braucht etwas Geschick, Butter aus ihrer Verpakkung zu befreien, um sie in die dafür vorgesehene Butterdose zu stürzen. Weil es sich dabei um einen Vorgang handelt, der sich häufig wiederholt, ist es ratsam, eine Technik zu entwickeln, bei der man sich nicht ständig die Finger befettet. Man zieht dazu die Papierfaltung an der Unterseite auf, legt die freigelegte Seite des Butterquaders sorgfältig auf den Boden des Behältnisses und entfernt den Rest des Papiers ohne jede weitere Butterberührung, gegebenenfalls durch leichten Fingerdruck auf die Butter durch das Papier hindurch. Millionen von Menschen tun es so auf mehr oder minder ähnliche Weise.

Andere Branchen, zum Beispiel Autohersteller, unterscheiden sich von Butterproduzenten in erster Linie dadurch, daß sie ihr Produkt aus marktstrategischen Überlegungen mit Airbags und dergleichen aufrüsten. Butter bleibt Butter, und von guter Butter sprechen fast nur noch alte Menschen. Beim Versuch, es den Autofritzen nachzutun, unterlief den Dänen nun ein folgenschwerer Fehler.

Was zuvor mit traumwandlerischer Sicherheit gelang, ja bisweilen in heitere Schwingung versetzte, weil die nicht zu Bewußtsein kommende Beiläufigkeit einen fortwährenden Triumph des Gelingens garantierte, eben das problemlose Umpacken der Butter in die Dose, war nun nicht mehr möglich. Lurpak, so heißt die dänische Buttermarke, veränderte nicht das Rezept, sondern die Verpackung. Auf der Papierfaltung an der Unterseite klebt jetzt ein Gütesiegel, das Zeichen der Lure, in deren Namen die Butter seit Jahrzehnten exportiert wird. Die Lure ist ein aus dem 1. Jahrhundert stammendes, in Bronze gegossenes, bis zu drei Meter langes, hornähnliches, altes nordisches Blasinstrument, aber das spielt in diesem Zusammenhang keine Rolle.

Das Lurensiegel klebt zu fest auf der Faltung. Bei dem Versuch, es vorsichtig zu lösen, reißt das Faltungspapier leicht ein, und das großflächige Aufziehen der Verpakkung mißlingt. Häufig kommt es vor, daß das angerissene Stück Papier aufgrund des Eigengewichts der Butter ganz abreißt und die Butter auf den Tisch oder den Fußboden donnert. Ohne ein lästiges Anfetten der Finger ist Lurpak-Butter kaum noch zu öffnen. Das macht den Alltag, wo er auf so unangenehme Weise ins Bewußtsein springt, nicht leichter. Gutgemeinte Ratschläge, wie mit Hilfe eines Messers das Problem zu lösen wäre, bringen nicht weiter. Der Siegeszug oldenburgischer Butter scheint unaufhaltsam, aber nie wieder öffnet man ein Butterpäckchen so unschuldig wie zuvor.

# Noten zur Schlosskunde

Die Machtübernahme für drei tolle Tage wird im ländlichen Karneval häufig durch die Aneignung eines überdimensionierten Schlüssels symbolisiert. Wer in Besitz des Schlüssels ist, hat das Sagen und vermag im Handumdrehen die soziale Ordnung umzukehren. Die Art und Weise des Verschließens lenkt den Blick auf gesellschaftliche Kräfteverhältnisse. In der Gotik legte man vergleichsweise wenig Wert auf Sicherheit. Es kam vielmehr darauf an, den Dingen, mit denen man sich umgab, soviel Ausdruck wie möglich zu geben. »Das Holzwerk einer Tür«, schreibt Siegfried Giedion, »ist derb und kaum bearbeitet, aber auf die Öffnung, um das Schloß konzentriert sich die Sorgfalt des Handwerkers. Er umgibt es mit einem Rahmenwerk zarter Ornamentik, als gelte es, eine Handschrift zu illuminieren.« Wichtiger als die Verschlußeigenschaft war die Sichtbarkeit des Schlosses.

Neben den Aspekten der Macht ist die sexuelle Symbolik in der Geschichte des Schlosses kaum zu übersehen. Die Abwesenheit des Hausherrn ruft die Freier auf den Plan, so daß Penelope sich schließlich gezwungen sieht, ein Bogenschießen zu veranstalten, dessen Sieger sie die Eheschließung in Aussicht stellte. Das Jagdwerkzeug des Odysseus sollte den Freiern ihr Begehr erschließen. Homers Verse drücken die ganze Sinnlichkeit des Unterfangens aus. Penelope »nahm in die rundliche Hand den schöngebogenen Schlüssel, zierlich aus Erz gebildet, mit elfenbeinernem Griffe (...) löste (...) ab den Riemen sogleich vom Ringe der Pforte, steckte den Schlüssel hinein und schob wegdrängend die Riegel, mit vorschauendem Blick...« Wie die Sache ausging, ist bekannt. Die Freier hatten den Bogen nicht raus und mußten Triebverzicht leisten. So war ihnen Penelopes Aufschließen der Kammer der einzige Höhepunkt.

Die Freier der Penelope fallen mir ein, wenn ich junge Männer sehe, die ihre Schlüssel mit einem Karabinerhaken am Hosenbund befestigt tragen. Solch juvenile, protzige Geste verweist zurück in eine Zeit, in der man noch nichts von einem 2-Sicherheitszonen-Schließsystem kannte. Der massive Messingzylinder mit achtfachem Aufbohrschutz je Seite ist ein echtes Stück feinmechanischer Präzisionsarbeit. Die kodierte Seitenfräsung ermöglicht beinahe unbegrenzte Schließkombinationen, jenes schwer begreifliche Wunder, daß für viele Schlösser ein einziger Schlüssel ausreicht. Der Schlüsselbund als Phallussymbol hat mit dem neuen Türsicherheitssystem TSM 500 gänzlich ausgedient. Statt eines Schlüssels öffnet ein vier- bis sechsstelliger Nummerncode die Tür. Hat man den persönlichen Nummerncode eingegeben, prüft die Elektronik, ob man zutrittsberechtigt ist. Ist die Eingabe korrekt, werden die Schloßsperren elektromagnetisch neun Sekunden lang entriegelt, und man kann den Türknauf drehen.

Solch ein perfektes System hätte einen Berliner Einbrecher vor einer großen Verlegenheit bewahrt. Das kaum hinreichende Schloß einer Wohnungstür hatte er noch mühelos geknackt. Als die Bewohnerin unverhofft nach Hause kam, verließ er fluchtartig die Wohnung. Sein Problem war, daß inzwischen die große Eingangstür mit dem berühmten Berliner Durchsteckschloß zugesperrt worden war. Es half alles nichts. Der Mann mußte die alte Frau noch einmal belästigen, damit sie ihm den Weg in die Freiheit der dunklen Kreuzberger Nacht öffne. Die zuvor entwendeten Gegenstände gab er ihr aus Dankbarkeit zurück.

Die wunderbaren Stücke der Augsburger Puppenkiste, mit ihren Helden Lukas, Jim Knopf, Bill Bo und Co., gewährten Einblicke immer mit einer feierlichen Enthüllungszeremonie. Eine Kiste ging auf und zeigte eine Bühne, deren Vorhang aufgezogen werden mußte. Dann erst konnte die Blechbüchsenarmee ihren Feinden entgegenrollen. Das entsprach in etwa der Möblierungsform, die den meisten Televisionsapparaten jener Jahre zugedacht war. Das Gerät, dem man wegen seiner Strahlen nach Möglichkeit nicht zu nahe kommen sollte, befand sich in einer Truhe, und nach der Empfangszeit war es ein leichtes, die Klappe einfach wieder vorzuschieben. Nach der Kinderstunde wurde die Glotze dem Blickfeld entzogen, auch wenn wir Kinder immer genau wußten, wo sie war. Dr. Adenauer besaß darüber hinaus ein Kombi-Gerät, bestehend aus Radio, Plattenwechsler und Tonbandapparatur, das er mit einer leichten Schubbewegung in eine Konsole bugsieren konnte. Ein Foto zeigt ihn darauf stierend, die Hand stützend an der Schläfe. Der Kanzler machte sich statt Abendbrot Gedanken. Doch auf Befehl war die Sache vom Tisch.

Das Nomadische, in dem sich die Bild- und Tonmöbel der fünfziger Jahre präsentierten, symbolisierte weniger die Bereitschaft zu schneller Flucht, als vielmehr eine gewisse Orientierungsunsicherheit in der jungen Wirtschaftswunderzeit. Man traute sich nicht, den Fernseher einfach Fernseher sein zu lassen. Der Dämon drohte, jederzeit aus der schmucklosen »Kiste« hervorzuspringen.

Wie einen mächtigen Raumaltar erblickt man in unseren Tagen den BeoVision Avant von Bang & Olufsen, das erste integrierte 16:9 Multiformat- und Videosystem. Verbarg der Truhenfernseher seinerzeit das Gerät, so ragt der BeoVision Avant als zauberhafte Säule in den Raum hinein. Die Gestaltung hat die Funktion überflügelt. Die Bildfläche ist von provozierender Nacktheit, doch so richtig zur Geltung scheint der BeoVision Avant nur in abgeschalteter Form zu kommen. Hinter der Leere des Bildschirms schlummert die dunkle Ahnung, daß die Ausstrahlung des Bildes längst überflüssig geworden ist. Man wagt es nicht, den BeoVision Avant mit einer profanen Sitzgruppe und Beistelltischchen zu konfrontieren. Gästen erlaubt man den ästhetischen Genuß am besten stehend. Nichts deutet darauf hin, daß dem Turm-Ensemble durch die Mühsal der Handarbeit noch eine Einschaltbewegung widerfahren müßte. Alles Technische ist im Integralsystem verborgen. Daraus schickt Gott dynamische Randabgleichung, Signalrauschfilterung und Feinabstimmung. Das Ganze ist auch mit Dolby-Surroundsound-Option zu haben, eine Art Klangspendevorrichtung für alle Ritzen des Raumes.

Waren die Truhen der fünziger Jahre verbiederte Puppenhausmöbel, so geriert sich die dänische Flachästhetik als ein Rauschmittel der Nüchternheit. Klare Linien, glatte Flächen und Kontrastfilterscheibe aus getöntem Glas. Alle Innenarchitektur geht vom Fernseher aus. Ein BeoVision Avant steht auf abgezogenem Parkettfußboden. Reichlich Spekulation mag noch darauf verwandt werden, wohin unsere schöne, neue Medienwelt tendieren wird. Dabei ist die Sache einrichtungstechnisch längst entschieden. Vom unsicher in der Ecke stehenden Hausgast hat sich der Fernseher zum sakralen Prunkmöbel gemausert.

## Glanz und Elend der Reklamation

Der schicke neue Toaster mit der Sensortaste funktionierte nicht. Er verbrannte die Muffins schon auf mittlerer Stufe und vollzog den automatischen Einzug der Backware nur bei jedem dritten Mal. Gegenseitige Bezichtigungen falscher Bedienung halfen nur kurz. Das Ding mußte zurück. Die Reklamation ist eine der heikelsten Interaktionen im modernen Konsumentenleben. Mit dem Gerät unterm Arm, die Originalverpackung war längst im Müll gelandet, schritten wir an das Verkäuferpult und verlangten Satisfaktion. Das grundsätzliche Mißtrauen der Verkäuferin, schließlich könnte da jeder mit seinen ollen Klamotten kommen, war dadurch zu beseitigen, daß unser Hochleistungstoaster von Rowenta relativ neu im Sortiment war. Einen ordentlichen Kassenbeleg, unsere Frau hinterm Pult triumphierte, hatten wir nicht vorzuweisen. Mit Genugtuung zückte B. jedoch ihre Kreditkartenabrechnung.

Zur Reklamation gehört unbedingt die Vorführung, das unterscheidet sie vom bloßen Umtausch, bei dem der Kunde von vornherein auf Kulanz angewiesen ist. Die Reklamation ist gewerberechtlich verfaßt, weshalb sie stets einen höchst offiziösen Charakter hat. Ich kann mich gut daran erinnern, wie ich einst eine leckende Milchtüte zurückgebracht habe und dann vergeblich nacheinander – in order of appearance – Verkäuferin, Abteilungsleiter und Geschäftsführer zu überzeugen versuchte, daß die Tüte bereits im Regal Schaden genommen haben mußte. Zur Vorführung funktionierte der Toaster natürlich, was die Verkäuferin einen Kollegen hinzuziehen ließ. Dieser wußte zu berichten, daß das gleiche Modell schon einmal zurückgebracht worden war, allerdings von einer älteren Kundin, die offenbar mit dem rechten Gebrauch der Sensortaste überfordert war.

Zur Reklamation gehört auch eine gehörige Portion Selbstvertrauen, denn im Handumdrehen wird einem Lebenstüchtigkeit abgesprochen. Es ist außerdem dringend anzuraten, sich vor einem Kauf mit der Organisationsstruktur des jeweiligen Kaufhauses vertraut zu machen. Die Funktionsweise von Umtauschkassen, insbesondere nach Kreditkartenkauf, verlangt buchhalterische Grundkenntnisse und Geduld. Unser Projekt wurde schließlich in beiderseitigem Einvernehmen abgeschlossen. Wir bekamen ein originalverpacktes anderes Modell derselben Ausgabe mit Sensortaste sowie den leicht verschmitzten Verkäuferhinweis, vor Gebrauch die Gebrauchsanweisung aufmerksam zu studieren. Das Verkäufergespann konnte seinerseits darauf beharren, den Deal als freundliches Entgegenkommen verstanden zu wissen. Der restlose Beweis des Gerätversagens war uns schließlich nicht gelungen. Mit dem verpackten Pokal unterm Arm zogen wir schließlich ab.

Es gibt freilich Verkaufskulturen, die sich die Reklamation ganz gezielt zu eigen gemacht haben. Da sind zum Beispiel die Beipackzettel zu Pralinen, auf denen man geradezu aufgefordert wird, den Süßkram noch vor Verzehr zurückzuschicken. Der Reklamationsvordruck dient hier als Zeichen der Exklusivität, kann aber in die Abteilung Ungeschick verwiesen werden. Der Slogan »Bei Nichtgefallen Geld zurück« legt den Verdacht nahe, daß der Handel Tauschwert gegen Gebrauchswert doch irgendwie illusionär bleiben könnte. Ein Lebensmittelhändler in der Provinz warb seinerzeit damit, daß in seinem Geschäft kein Produkt mit abgelaufenem Haltbarkeitsdatum zu finden sei. Falls doch, so bekam der Kunde die Ware mit gültigem Datum geschenkt. Hausfrauen und Studenten gingen flugs daran, die Regale umzukrempeln. Das ersparte dem Geschäftsinhaber eigene Sortierarbeit.

Die Inhaberin eines Kinderbekleidungsgeschäfts weiß zu berichten, daß vor Weihnachten gern schicke Stücke zur Auswahl mitgenommen werden. Nach dem Fest kommen die Sachen dann mit leicht angeschmutzten Kragen zurück. Das ist die kleine Rache des Kunden. Im Reklamationskrieg ist das Eröffnungsrecht einzig auf seiten des Kunden.

In den als sexualitätsfeindlich verschrienen fünfziger Jahren, so heißt es, reichte eine Reklame des Miederwarenherstellers »Triumph« bereits aus, männliche Phantasien in Wallung zu versetzen. Schaut man mit kühlem Blick zurück, erinnert das Ganze freilich mehr an die Anfänge der auf Stromlinienform bedachten Automobilwerbung. »Triumph Luxus-Modell Papillon, der hochtaillierte Hüfthalter von internationalem Chic aus kostbarem Zweizug-Spitzengummi, bezaubert durch die vollendete Modellierung der betonten Taillen- und Hüftpartie dank seiner meisterlichen Linienführung.« So sagte es die Sprache für den Schumi im Manne. Der Frauenkörper war demnach gar kein sexualisiertes Objekt des männlichen Blicks, sondern bloß Chassis für die Vorstellungen vom eigenen Ersatzkörper.

In diesem Sinne war die weibliche Brust schon zu Beginn des Jahrhunderts durch textile Hilfsmittel abgeflacht worden. »Die gegenwärtige Schwärmerei für schlanke, ätherische, präraphaelitische weibliche Gestalten hat auch gewissermaßen zu einer negativen Akzentuierung der Brüste geführt«, schreibt Iwan Bloch in seinem Buch *Das Sexualleben unserer Zeit* aus dem Jahre 1909. Der Büstenhalter der zwanziger Jahre, bestätigt ein Ausstellungskatalog des Historischen Museums Frankfurt, war kein Büstenhalter, sondern ein »Büsten-Plattmacher«. Diesem gewissermaßen mit der Bauhausästhetik kompatiblen Sinn für ornamentfreie Formen entsprachen natürlich nur die Figuren weniger Frauen, und so wurde »Ski« zur »Marke für Starke«. »Allerdings«, meint dazu der Unterwäscheforscher, »wurde aus all den mit Brust und Hüften reich gesegneten Frauen auch mit dem optimalen Corselette kein Garçonne-Typ, sondern bestenfalls eine Art Walze.«

Inzwischen lehrt ein keuscher Blick in die Plakatlandschaft, daß der weibliche Busen wieder an Gewicht gewonnen hat. Hilflos schaut Kindfrau Kate Moss als Reminiszenz an die Twiggi-Zeit von der Jeansreklame herab, und kleine Technomädchen scheinen zu bedauern, daß ihnen außer der Synthetikware einer Marke namens »Esprit« nichts zum Anziehen übriggeblieben ist. Die bewährte Marke für Schlüpfer und anderes, »Triumph«, setzt derweil voll aufs Dralle. Die Zeiten geschlechtsloser Models sind dank der Traditionsfirma vorbei. Selbst die Dessous-Abteilung des Otto-Katalogs sieht den Fanzines der Sexbildfreunde aus dem Versandhaus Orlowski zum Verwechseln ähnlich, und die Werbetexter kommen gleich zur Sache. »Tierisch schön, der neue Leo-Look. Push-up-BH und String-Tanga als Set im Leopardendruck. Der BH zaubert durch weiche Einlagen und Formbügel selbst bei kleiner Oberweite ein aufregendes Dekolleté.«

Die Rückkehr des Busens ins öffentliche Bild ist ikonographisch übrigens längst nicht so eindeutig, wie es die emanzipierte Frau vermuten mag. Hinsichtlich der üppigen Bilder aus der Kinowelt rettete sich der Schriftsteller Martin Walser schon früher in eine Art bannenden Zauberspruch. »Das Konservendosenhafte Liz Taylors«, meinte Walser, »oder das Liz Taylorhafte Romi Schneiders immunisiert mich vollkommen gegen den Gestütsnaturalismus Brigitte Bardots.« Mit Hilfe solcher Techniken wird man Kate Moss und die Triumph-Frauen wohl noch eine Weile nebeneinander hängen sehen und ertragen können.

In den ersten Semestern meines Studiums habe ich mich zu einem eifrigen Senfesser entwickelt. Das Zeug macht dumm, hatte es in meiner Kindheit immer geheißen, aber mein Begehr galt weniger dem Inhalt als den Gefäßen, in denen die scharfe, gelbliche Würzcreme angeboten wurde. Noch heute esse ich Bratwurst lieber mit Ketchup als mit Senf. Weit davon entfernt, mit dem Geschirrschrank Distinktionsgewinne zu erzielen, komplettierten die Senfgläser das aus den verschiedenen Kneipen zusammengeklaute Sortiment an Trinkgefäßen. Those were the days.

Die Marsberger Glaswerke Ritzenhoff schicken sich seit ein paar Jahren an, mit solch geschmäcklerischer Unart aufzuräumen. 1992 kam das erste Milchglas von Volker Albus auf den Markt, das blau war und das, wenn Milch drin war, in weißer Schrift das Wort MILK zum Vorschein brachte. Jasper Morrison hatte später den Einfall, Milch, Leche, Milk, Latte, Melk und Lait draufzuschreiben sowie als graphische Brechung japanische Schriftzeichen als Kunst auszugeben. Hübsch anzusehen sind einige Zeichnungen, bei denen Kühe eine Rolle spielen, während das Kunstindividuum oder die Künstlergruppe »Kunstflug« ein Märchen vom Milchfisch in Wort und Bild fabriziert hat. Weil es keine Kunst ist, Milchgläser zu bedrucken, hat die Firma Ritzenhoff verfügt, das Sortiment zu begrenzen. »Zweimal im Jahr gibt es fünf neue Gläser«, heißt es im Prospekt. »Da die Gesamtkollektion auf vierzig Gläser begrenzt ist, werden gleichzeitig fünf andere Motive herausgenommen. Zusätzlich gibt es zwei limitierte Editionen jährlich.« Das trägt der Erfahrung Rechnung, daß wahre Kunst sich eher selten ereignet oder, um es mit Hegel zu sagen, nach ihrem höchsten Wesen bereits Vergangenes ist. Vor traurigem Fading bewahrt eine Mitgliedschaft im Ritzenhoff-Milk-Club, die in nachhegelianischen Zeiten noch einmal zu lebendigem Kunsterleben verhilft: »Als einfaches, industriell gefertigtes Glas aufgelegt, ist dieses multiple Gebrauchskunst für den Alltag – für den Schluck Milch zum Frühstück. So entstand auf den Gläsern die erschwinglichste Kunstsammlung der Welt, mit Werken aller Stile von Alchimia bis zum Nodesign, von der Pop-art bis zur Postmoderne.«

»Wie kann etwas ein Kunstwerk sein und etwas anderes, was ihm genau gleicht, nicht?«, hat bei Zeiten der amerikanische Philosoph Arthur C. Danto gefragt und damit mein Problem mit den Senfgläsern zwar berührt, aber die Frage unbeantwortet gelassen, warum sich das Milchglas besser zur Kunstwerdung eignet als das Senfglas. Es ist natürlich denkbar, O. M. Ungers Idee, das Milchglas als Meßbecher zu entwerfen (in der Ritzenhoff-Serie die Nummer 44), auch auf das Senfglas anzuwenden. Aber schon die Vorstellung von 250 ccm Senf beim genüßlichen Leeren eines Glases Milch verstört den Kunstfreund.

Übermäßiger Genuß kalter Milch hat bei mir immer durchschlagende Wirkung. Daher rührt auch meine Vermutung, daß aus der Geschichte mit dem Senfglas nie so recht was werden konnte. Der anale Charakter des Senfs beeinträchtigt den Sublimationsvorgang. Schon in Ovids *Metamorphosen* heißt es: »Ströme von Milch nun wallten daher ... und von der grünenden Eiche troff endlos der gelbliche (!) Honig.« Nirgends von Senf die Rede. Wer Senfgläser sammelt, so mein Verdacht, erweist sich letztlich als zwanghafter analer Charakter. Seither trinken wir aus unseren Ritzenhoffs Vernaccia di San Gimignano.

Mit einem Kupplungsschaden kündigte mein D-Kadett, Baujahr '80 (Typ Spießerauto, meint B.) einfühlsam an, daß der Zeitpunkt der Trennung unwiderruflich nahte. Ich hatte verstanden und mußte mir schon bald darauf eingestehen, daß meine Liebesblicke längst auf andere Modelle gingen. Ich nahm mir vor, Gefallen an der Vorstellung eines neuen Autos zu finden. Es gibt so etwas wie eine Vorfreude auf Verliebtheit, die sich noch auf kein bestimmtes Objekt richtet, und die imaginierte Kaufentscheidung ist ihr bestes Surrogat. PS und kW spielen keine Rolle, Airbag und Seitenaufprallschutz tragen nichts dazu bei. Reiner Güntzler, wenn es ihn noch gäbe, würde nicht helfen können, und Testzeitschriften aller Art bleiben einem in diesem Stadium verschlossen. Was wollte man auch damit?

Ein Auto ist ein Auto ist ein Auto. Angesichts der einleuchtenden These, unter der alles umfassenden Herrschaft des Konsums zu leben, wird man doch verlangen dürfen, von den Waren nach allen Regeln der Kunst affiziert zu werden. Die Automobilwelt ist darin fraglos am weitesten vorgedrungen. Man muß die Produkte nicht erst im Warenhaus aufsuchen, sondern kann sich schon draußen vor der Tür auf die Vielfalt des Angebots einstimmen. Ist der Blick erst einmal geschult, überschaut man die einschlägigen Marken recht rasch. Klassiker wie der neue Porsche Carrera kamen aus pekuniären Gründen selbstverständlich nur zu Schulungszwecken in den Blick. Ich liebe diese Erdung des tiefergelegten Chassis und die breiten Reifen, die an die profillosen Slicks der Rennkarossen erinnern. An der Mercedes E-Klasse fiel mir auf, daß derzeit ovale, leicht nach hinten geneigte Doppelscheinwerfer mit einem Kulleraugenzwinkern in den gehobenen Kategorien wiederkehren. In der Mittelklasse sieht man statt dessen Schlitzformen, die so etwas wie individuelle Geschmäcklerei ausdrücken und dabei doch nur eine Anbiederung an die distinktiven Bedürfnisse von Aufsteigern verraten.

Ist Ihnen schon einmal aufgefallen, wieviel gestalterischer Einfallsreichtum neuerdings auf die Felgen verwandt wird? Während mein D-Kadett in einer dem Brutalismus verwandten Kunstlosigkeit einen unverstellten Blick aufs stählerne Gehäuse freigibt – man hat die Radkappen damals einfach weggelassen –, kokettieren die neueren Modelle nunmehr mit unterschiedlich elegantem Speichendesign. Vorbei die Zeiten, als das Auto nichts weiter war als eine Prothese zur Stützung des labilen männlichen Selbstbewußtseins. Mit und im Auto gelang dem Mann ein letztes Mal die Erweiterung des herrschaftlichen Körpers, eine Art Bodybuilding ohne lästiges Schwitzen. Es zählte, was einer unter der Haube hatte.

Nun wird bloß noch geträumt. Überall Cremefarben und geschwungene Formen. Das Automobil will Kokon sein. Die phantasierte Rückkehr in den Mutterleib wird selbst beim Crash durch einen wundersam weichen Airbag nicht gestört. Keine ruppige Stoßstange erinnert noch an den leichten Blechschaden beim Einparken.

Dazu passen die Infantilisierungstendenzen, deren stärkster Ausdruck die Rundeier der Kleinstkategorie sind, etwa Renault Twingo, Opel Corsa und Nissan Micra. Ebenso setzen verpuppte Sportflitzer wie der Opel Tigra oder das neue Swatch-Auto, der Mercedes der A-Klasse, auf Verniedlichung und Kindchenschema. Anders dagegen Exoten wie Daewoo und Hyundai, die trotz all ihrer Bemühungen, nach Auto auszusehen, doch nur signalisieren, daß es zur richtigen Marke offenbar nicht gereicht hat. Ich muß gestehen, daß die Vorfreude aufs neue Auto irgendwann erlahmte. Die Liebesblicke, die einer auf das noch unbestimmte Objekt richtet, können einer echten Beziehung im Grunde nichts anhaben. Ich verzieh meinem D-Kadett auch noch den Totalausfall der Lichtmaschine. Mittlerweile hoffen wir gemeinsam auf den nächsten TÜV.

# Die BSE-freie Handtasche

Ein schönes Beispiel dafür, daß die Gesellschaftskritik der siebziger Jahre in vollem Umfang erfolgreich war, liefert gegenwärtig die Werbung für gediegene Konsumgüter. Früher war nichts weiter vonnöten, als für besonderen Geschmack, der bekanntlich schon immer etwas teurer war, entsprechend zu bezahlen. Heute ist der politisch wie ökologisch korrekte Einkauf oberstes Konsumentengebot. Die einstigen Marschierer von Brokdorf und anderswo nehmen die eifrigen Produzentenbemühungen genüßlich beim Soave und im Leinenanzug aus Sri Lanka zur Kenntnis. Gescheitelte Juniorchefs gefallen sich derweil darin, gegen den Makel der Massenproduktion Firmenphilosophie und Manufakturgeschichte gewinnbringend einzusetzen.

Eine Antwort auf die Wegwerfgesellschaft glaubt beispielsweise der Lederwarenhersteller »Goldpfeil«, im Jahre 1856 vom Buchbinder Ludwig Krumm als Offenbacher Portefeuille-Fabrik gegründet, anbieten zu können. Flinke Werbetexter haben inzwischen ihr Vokabular aus der Umweltgruppe Bielefeld von 1979 eingearbeitet: »Bei der Fertigung exklusiver Lederwaren sind ökologische Überlegungen von qualitativen so wenig zu trennen wie die Kuh von der Wiese. Die Erwartungen an die gewöhnliche Langlebigkeit unserer Accessoires verpflichten zu den hochwertigsten natürlichen Rohstoffen.« Das Rechtschreibprogramm meines Computers moniert das Adjektiv »hochwertigst«, weil Bestes nur durch grammatikalische Notzucht zu steigern ist, aber das nur am Rande. Wichtiger ist der Erkenntnisgewinn, den wir angesichts einer ollen Aktentasche früher nie anzunehmen gewagt hätten: »Bereits Klima, Futter und artgerechte Haltung (kennt das Rechtschreibprogramm übrigens auch nicht:

vgl. die englische Übersetzung des Prospekts: proper keeping) der Rinder entscheiden maßgeblich über die spätere Lederqualität.«

Nur glückliche Freilandrinder geben gute Handtaschen ab, da versteht es sich von selbst, daß ihnen keine geschredderten Schafsköpfe verabreicht worden sind. »Die Rothäute werden mit besonderer Sorgfalt ausgewählt und anschließend von Traditionsbetrieben wie Hamann bei Mülheim an der Ruhr gegerbt.« Den Minikoffer mit Schuhputzeinrichtung, abschließbarem Kofferschloß und Lederinnenausstattung gibt es schon für 1790 Mark, wobei zu fragen ist, warum man es in der Preisklasse noch nötig haben sollte, seine Schuhe selbst zu putzen. Knapp 3000 Mark kostet der kastenförmige (40x31x17 cm) Aktenkoffer mit abschließbarem Kofferschloß und Büroeinrichtung. Auf dem Bild lugen aus dem Tragegefäß aus blauem Leder sichtbar ein Füllfederhalter, die *Financial Times* und ein Handy heraus. Offenbar mochte man die Käuferphantasie nicht mit dem Gewicht eines Schlepptops (gegen das Wort hat das Rechtschreibprogramm übrigens nichts einzuwenden) belästigen. Der Flachmann, ebenfalls in Blau, heißt im Katalog Reiseflasche und kostet preiswerte 149 Mark (alle Preise gültig bis 31. 12. 96).

Mein Lieblingsstück im Goldpfeil-Sortiment ist die Brieftasche mit diversen Einsteck- und Kreditkartenfächern aus rotem Leder für 285 Mark. Sie hält Aufbewahrungsoptionen nicht bloß für Geld und Karte offen, sondern auch für Zettel und Blätter, auf denen beispielsweise das von Sacha Guitry stammende Firmenmotto vermerkt sein könnte: »Ich habe zu wenig Geld, um billige Sachen zu kaufen.« Und reiche Poeten, sollen wir daraus wohl lernen, produzieren nur mäßige Produktinformationen.

## Ogger Dir einen – eine neue Alltagsstrategie gegen das Zukurzkommen

Immer diese Handwerker. Für den freundlichen Hinweis, den Wäschetrockner in Zukunft häufiger und gründlicher zu warten, durften wir kürzlich 70,15 Mark an einen Servicemann zahlen. Einen Fehler konnte der eilige Monteur nicht feststellen, und das lästige Quietschen, dessentwegen er herbeigerufen worden war, vermochte er nicht zu beheben. Es falle nicht in seinen Bereich. Das Quietschen komme von den Laufriemen, verriet er immerhin, aber die zu erneuern, lohne eine Reparatur im Grunde nicht. Schließlich fügte er, ein wenig die Nase rümpfend, hinzu, sei unser Modell nicht gerade das komfortabelste Stück des Herstellers. Mein Hinweis, es sei nicht einmal ein Jahr alt, erschütterte den Servicemann wenig. Er ließ sich seinen 15-Minutenauftritt quittieren und eilte zum nächsten, seiner Hilfe harrenden Kunden. Der Trockner quietscht seither wie gehabt, und zur selbständigen Wartung sehen wir uns, mit einer ausgeprägten Unfähigkeit und Abneigung gegen die Aneignung technischer Kompetenz versehen, nicht so recht imstande.

Natürlich, auch die Bundesbahn. Ohne besondere Wartungsaufgaben fand ich mich vor einiger Zeit auf einem kleinen Bahnhof im Weserbergland wieder. Die Reiseunterlagen hießen mich hier fahrplanmäßig umsteigen, aber ein Anschlußzug war nicht in Sicht. Der Bahnhofsvorsteher registrierte sichtlich irritiert meinen ordentlich gedruckten Hinweiszettel mit dem Vermerk zum Umsteigen auf seinem Bahnhof, versicherte jedoch im Ton ehrlichen Bedauerns, es werde kein Zug mehr kommen. Er beabsichtige, den Computerfehler weiterzugeben, was für mich soviel hieß wie: Pech gehabt.

Auf Ohnmachtserlebnisse dieser Art reagiert der kritische Konsument in jüngster Zeit immer häufiger mit beharrlichem Oggern. Man weiß schließlich um die Unzulänglichkeiten der Dienstleister und auch davon, daß Warenanbieter aller Art dabei sind, uns nach Strich und Faden abzuzocken. Ihre Überheblichkeit ist himmelschreiend, und ihre Preislisten sind furchteinflößend. Die Methoden, mit denen sie uns ganz legal das Geld aus der Tasche ziehen, werden immer frecher. Neulich in der Autowerkstatt zum Beispiel...

Über die übliche Beschwerdepraxis hinaus ist das Oggern als eine stereotype Form der Alltagskommunikation zu beschreiben, die längst an die Stelle des harmlosen Plauschs über das Wetter getreten ist. Eine Verwandtschaft zu der Redensart, der zufolge früher alles besser war, während heute alles immer schlimmer werde, ist nicht zu überhören. Der Erfolg dieser melancholischen Klage über den Niedergang des Wertehorizonts liegt in ihrer Unbestimmtheit. Niemand vermag genau zu sagen, was dieses »alles« war, aber daß es wieder gut wird, hoffen nur die Kinder. Zum Beleg des fortschreitenden Verfalls der Sitten und Gebräuche wird gern die statistische Dunkelziffer zitiert. Das Oggern unserer Tage geht einen Schritt weiter. Es bezeichnet das Unbehagen ganz konkret. Es weiß Antwort auf die beklemmende Frage: Warum trifft es ausgerechnet mich?

Es geht gar nicht um dich, beschwichtigt der Oggerer, sondern bloß um dein Geld. Oggern verwandelt die alltägliche Unterlegenheitsparanoia in einen Entlarvungswahn. Elektrohersteller verkaufen kalkulierten Verschleiß, und Verpackungsdesigner gaukeln uns die schöne Warenwelt bei gleichzeitiger Dezimierung des Angebots vor. Wir werden in einem fort getäuscht. Oggern empfiehlt sich als erster Schritt, den großen Betrug nicht länger hinzunehmen.

Ausgewiesene Kenntnisse über die Werbepraktiken der Warenhersteller sind eine Basisqualifikation, und elegante Oggerer verstehen sich auf Produktkenntnis, ökonomische Analyse und Verflechtungszusammenhänge.

Der Kern allen Oggerns ist sein Systemverdacht. Hinter jedem Mangel lauert ein gemeines Kalkül, und hinter jeder Panne steckt eine geheime Verschwörung. Das entlastet ungemein. Vom Ton her (»die Konzerne, die Banken, die Regierung...«) ist das Oggern der Ideologiekritik früherer Tage nicht unähnlich, und doch ist es längst fester Bestandteil konservativer Reden zum Standort Deutschland. Man denke nur an Oggersheim.

Weiteren Aufschluß über die erstaunliche Karriere der signifikanten Ausdrucksweise gibt ein Blick in die Etymologie. Das Wort »Oggern« ist dem Mosern nachgebildet, das seinerzeit nach dem nuschelnden Sprechen des österreichischen Volksschauspielers Hans Moser benannt wurde und eine Art Nörgeln unterhalb der Schwelle zur Artikulation bezeichnet. Mosern ist eine Unmutsäußerung, die nicht so recht auf den Punkt kommt. Wer oggert, legt im Gegensatz dazu Wert auf präzisen Ausdruck, hat Einblick in Sachzusammenhänge und wartet bevorzugt mit genauem statistischem Material auf. Beispielhaftes Oggern geht etwa so: »Die Zeche zahlt am Ende immer der Kunde, dem die Werkstätten heute pro Arbeitsstunde in Großstädten bereits 120 Mark und mehr abknöpfen. Damit liegen die heimischen Werkstätten innerhalb Europas mit großem Abstand an der Spitze. In Frankreich zum Beispiel liegt der Stundensatz bei 53 Mark, in Dänemark bei 48, in Italien gar nur bei 42 Mark.«

Oggern ist das Nuscheln des heutigen Informierten. Wie das Mosern, so hat auch das Oggern sein personifiziertes Vorbild. Der Münchener Wirtschaftsjournalist Günther Ogger hat es in der Disziplin des ambitionierten Nörgelns zu einiger Meisterschaft gebracht. Als avancierte Form des Bescheidwissers zeigt der Oggerer keinen Respekt vor Institutionen und Führungspersönlichkeiten. Nachdem er mit einem wuchtigen »Elite-Bashing« (»Nieten in Nadelstreifen«) Aufmerksamkeit erlangt hatte, knöpfte er sich die Geldinstitute (»Das

Kartell der Kassierer«) vor, um sich nun dem gemeinen Kunden (»König Kunde«) anzudienen. Dabei schreckt der Oggerer selbst vor der Empfehlung von Guerillataktiken nicht zurück. »Die ›Smart Shopper‹ lassen sich von der gigantischen Marketingmaschine der Wirtschaft nicht mehr durch die Mangel drehen, sondern werfen ihr einen Prügel nach dem anderen ins Räderwerk. Wie einst die politisch motivierte Stadtguerilla der siebziger Jahre, pirschen die Konsumindianer der späten Neunziger auf Schleichwegen durchs kapitalistische System.«

Abschaffen möchte der Oggerer das kapitalistische System indes nicht. Es soll alles bloß besser klappen. So läßt das Oggern alles beim alten und hilft uns, die kleinen und mittleren Niederlagen im Konsumentenleben besser zu verkraften. Es ist zwecklos, dem Oggerer zu widersprechen, und natürlich ist Oggern eine recht nützliche Angelegenheit. Es ist gut für das Gemütsleben. Wer oggert, hat meistens recht. Sollte es mich noch einmal auf den Bahnhof ins Weserbergland verschlagen, wird sich der Bahnhofsvorsteher auf einen kleinen Vortrag über den Unsinn computerisierter Fahrplanerstellung und andere Unbotmäßigkeiten gefaßt machen müssen.

# DAS GELD DER ANDEREN

# Soziale Fänge

Die Metapher vom sozialen Netz denkt man sich als eine tragische, zumindest aber als eine, bei der der Ernst des Lebens unerbittlich auf seinem Existenzrecht beharrt. Man kann durch dieses Netz hindurchfallen, wobei denen, die nie gefallen sind, kaum klar sein dürfte, ob darunter platter Boden, also ein harter Aufschlag, oder das Bodenlose, der freie Fall ins Ungewisse, folgt. Die Regel ist der Fall ins Netz, in dem man nicht notwendig weich landet. Schon das Wiederaufstehen bereitet Mühe. Man versucht sich fortzubewegen, aber jeder Schritt erfordert enormen Kraftaufwand. Man tritt tief durch und erzielt dabei kaum Raumgewinn. Jetzt erst ist man in das verstrickt, was Kafkas präzis-traumatische Literatur möglicherweise impliziert. Man durchschaut und entkommt ihr nicht, der Macht des Schlosses.

Hier aber soll ein weit geringerer Beitrag geleistet werden als in Kafkas Literatur. Nehmen wir zum Beispiel H., den wir im Verlauf unseres Berichts vage einen Kulturarbeiter nennen wollen. Er würde sich vielleicht mit einem Hauch von Koketterie selbst so nennen. Wie man Kulturarbeiter wird, weiß auch H. nicht so genau. Mit seinem Magister-Studienabschluß im Fach Germanistik war er aber mehr oder weniger nah dran an der Sache. H. hatte eine Geschichte zu erzählen, die ihn unwiderruflich in den Kulturbetrieb hineinzog. Er erzählte sie gleich mehrfach, in Zeitungen, Zeitschriften und im Hörfunk. Schließlich wurde sogar ein kleines Buch daraus. Den Kulturbetrieb würde H. jedoch weniger als Netz denn als Sumpf beschreiben. Man watet in morastigem Boden, tritt mit etwas Glück auf ein festeres Stück, um schon beim nächsten Schritt wieder gefährlich einzusinken. Trotz fortwährender Kultivierungsversuche scheint es unmöglich, diesen Sumpf trockenzulegen. Immerhin wird eine Menge Torf aus diesem Sumpf gewonnen. Es erging unserem Helden denn auch zunächst nicht schlecht, aber Blochs Prinzip Hoffnung, meinte er ahnungsvoll, müsse vielleicht doch einmal überdacht werden. Für H. erhärtete sich nämlich der Verdacht, daß es die kleinen Hoffnungsfunken sind, die einen mitunter restlos fertigmachen. Mit dem bloß Trüben wäre vielleicht zurechtzukommen, glaubt H., wenn nicht immer dieser Schimmer Licht dazwischen käme.

Weil H.s Geschichte Gehör gefunden und Schecküberweisungen zur Folge hatte, glaubte er sich befugt, über weitere Geschichten in Wort und Schrift nachzudenken. Damit an dieser Stelle kein falscher Eindruck entsteht, muß erwähnt werden, daß H. keineswegs Schriftsteller ist. Er würde sich selbst auch nicht so nennen, wenngleich er sich manchmal gern in diese Rolle hineinimaginiert. Nach einigen eitlen Verirrungen kam es ihm aber doch in den Sinn, mit seinem Schreiben gerade das Prätentiöse aufs Korn zu nehmen, nicht ohne dabei mitunter selbst prätentiös zu wirken. Das aber, so glaubt H. herausgefunden zu haben, ist der Morast, in dem man sich immer schon bewegt, wenn man sich, in welcher Form auch immer, der Kulturarbeit widmet.

Um unsere Geschichte etwas zu beschleunigen: H. ging irgendwann das Geld aus. Ein Text wie dieser hier macht schließlich nicht reich. Je nach Publikationsorgan bringt er 250 bis 500 Mark ein. Man müßte also im Monat gut zehn solcher Geschichten auf Lager haben, um einigermaßen über die Runden zu kommen. Hier und da lassen sich Zeilen schinden, aber es gibt auch Redakteure, die gnadenlos kürzen. Das ist meist weniger inhaltlich oder stilistisch problematisch als finanziell. H. hatte ohnehin nicht so viele Geschichten auf Lager, und auch in diesem Fall muß ich hinzufügen, daß H.s Geschichte, um die ich ihn nun betrüge, vielleicht noch nicht einmal reif ist, erzählt zu werden. Hieraus ist zum einen zu ersehen, wie schwer Kulturarbeit ist. Zum anderen wird verständlich, warum mancher Betriebsangehörige immer wieder dieselbe Geschichte verarbeitet. Es gibt freilich Hausse-Phasen, in denen Kulturarbeit wie satte Früchte an den Bäumen hängt. Eine solche hatte H. aber verpaßt, während er an seiner Geschichte arbeitete. Es war ihm nicht gelungen, einen der vielen gut bezahlten Jobs zu ergattern, die die Stadt Berlin während ihrer bald zwei Jahre währenden Parallelaktion, der 750-Jahr-Feier, zu vergeben hatte. Solche Dinge stimmten H. depressiv, und er stellte sich mitunter die Frage, ob er bei seiner Kulturarbeit nicht grundsätzlich etwas falsch mache.

Dann wieder diese Schimmer. Freund H. bekommt zwar keinen Preis, aber vielleicht bekommt er bald etwas anderes, weshalb wir seine Geschichte hier wiedergeben. H. ist eines dieser zahlreichen Exemplare aus dem akademischen Proletariat, das so etwas wie den Urgrund für etwas abgegeben hat, das in der Vergangenheit gern Postmoderne genannt wurde. Treibhausartig sind seinerzeit kognitive Leistungen gezüchtet worden, welche nun so gut wie gar nicht gebraucht werden. Das Leben in der Postmoderne war demnach nicht so champagnerfröhlich, wie deren Kritiker immer wieder gemutmaßt haben. Um es einmal so zu sagen: Postmodernität war auch Leiden.

Aber machen wir die Sache nicht zu kompliziert. H.s Geschichte kam nun in Fahrt. Er war pleite. Weil die Metapher zum erwähnten Netz so schön paßt, wollen wir sagen, er befand sich in der Zirkuskuppel einer Manege, und wie man ahnen kann, war er ziemlich ratlos. Nach Beendigung seines Studiums war er schon wegen der unschätzbaren Vorteile, die einem der studentische Status bietet, Ermäßigungen im öffentlichen Nahverkehr sowie günstige Krankenkassenbeiträge, an der Universität immatrikuliert geblieben. Den Gedanken an eine Promotion hatte H. nicht aufgegeben, aber angesichts der andauernden finanziellen Schwierigkeiten rückten sie in den Hintergrund. Der Studentenstatus ermöglichte H. nach einer längeren Fernreise, eine Zeitlang für eine Studentenvermittlung zu arbeiten. Er bekam diverse Kraftfahrerjobs und machte unter anderem Bekanntschaft mit der Lebensmittelabteilung eines großen Kaufhauses. Während des Regalauffüllens dachte er daran, einen Essay über die Arbeitswelt zu verfassen, blies das Unternehmen dann jedoch wieder ab, weil er nach einigen weiteren Wochen zwischen Chinakohl und Porree entnervt das Handtuch warf.

Während dieser Zeit im Gemüse erhielt H. das Angebot, an der FU Berlin einen Vortrag innerhalb einer Ringvorlesung über das Thema »Sport und Fernsehen« zu halten. Er kam sich herrlich postmodern dabei vor, als er nach einem Arbeitstag im Kaufhaus, den er an der Gefriertruhe verbracht hatte, mit dem die Vortragsreihe organisierenden Professor seine Vortragskonzeption besprach. So eine Veranstaltung bringt ein Honorar von 300 Mark. Für H. könnte diese Episode aber einen bemerkenswerten Wendepunkt in seinem Kulturarbeiterdasein darstellen. Beim anschließenden Bier in der Kneipe nämlich ergab sich ein folgenreiches Gespräch, das H. wieder einen dieser Hoffnungsschimmer bescherte, denen gegenüber er, wie schon gesagt, durchaus mißtrauisch gestimmt war. Eine Bekannte, mit der er innerhalb einer anderen Tätigkeit im Dienste der Kultur zusammengearbeitet hatte, erzählte ihm von einem Verein, der sich um die Trägerschaft einer verfallenen Villa in einem kulturell unterversorgten Bezirk der Stadt bemühe. Diese Villa, bausubstanzlich durchaus rettbar, solle nach ihrer Restauration ganz den Zwecken der Kulturarbeit zur Verfügung stehen. Erste Gespräche seien zwischen Verein und Bezirksvertretern bereits vielversprechend verlaufen. Der Verein nun versammelt einige namhafte und angesehene Bürger des Bezirks, Künstler, Professoren und Politiker. Vor allem letztere verfügen über eine technokratisch-kommunikative Kompetenz in Verwaltungsdingen, was man auch gute Beziehungen nennen könnte. Aus öffentlicher Hand, so die Bekannte, seien dem Verein bereits zeitbegrenzte Stellen für die zu leistende Kulturarbeit in Aussicht gestellt worden. Diese gelte es nun zu besetzen. Es handele sich dabei um eine ABM-Stelle und drei weitere aus einem ihr unbekannten Förderungsprogramm, das Arbeits- und Sozialamt gemeinsam finanzieren.

Kulturarbeiter H.s Interesse war geweckt. In den darauffolgenden Tagen führte er einige Telefongespräche, las die Selbstdarstellung des Vereins und nahm an einer Sitzung desselben teil. Hier erfuhr H., daß man bereits ein Ausstellungsprojekt vorbereite, das im wesentlichen aber von den kurz vor der Bewilligung stehenden Stellen organisiert und getragen werden müßte. Die ordentlichen Vereinsmitglieder gehen ja alle Berufen mit geregelter Arbeitszeit nach, da falle intensive Beschäftigung mit dem Projekt weitgehend flach. Ein Eröffnungstermin der Ausstellung stand bereits fest. Es war also Eile geboten. Die ganze Geschichte, deshalb erzählen wir sie hier, hat einen verwaltungstechnischen Clou. Die Stellen aus dem erwähnten Programm sind nämlich nur mit Sozialhilfeempfängern besetzbar. Ein Vereinsmitglied erkundigte sich denn auch neugierig nach dem sozialen Stand unseres Helden. Dieser hatte immerhin den des Studenten aufzuweisen. Weil er aber Einkünfte aus journalistisch-publizistischer Arbeit hatte, wurde er vom Finanzamt außerdem als Selbständiger geführt.

Nach einigen weiteren fernmündlichen Überlegungen mit einem engagierten Vereinsmitglied kam man zu der Meinung, daß es mit ein wenig Fingerspitzengefühl möglich sein müßte, H. auf eine Stelle jenes BSHG-Programmes zu hieven. Zu den zwei, sagen wir, sozialen Identitäten sollte H. nun per Meldung beim Arbeitsamt eine dritte, die des Arbeitslosen erwerben, was die Voraussetzung zur sozialen Identität Nummer vier ist: der des Sozialhilfeempfängers. Gesagt, getan. Das Arbeitsamt bereitete denn auch keine Probleme. Es hatte ja nur zu prüfen und zu bescheinigen, daß H. nicht fest angestellt arbeitete und keinen Anspruch auf Leistungen vom Arbeitsamt habe. Der Vorgang vollzog sich zügig und legitimierte H., seinen Weg zum Sozialamt anzutreten.

Halten wir es der Übersicht halber noch einmal fest. Der freiberuflich selbständige Student H. war nun auch noch arbeitslos, was es ihm ermöglichte, Sozialhilfe zu beantragen. Einem Kulturarbeiter wie H. fällt es nicht einmal schwer, seine Mittellosigkeit nachzuweisen. Die Zeitungen bezahlen die Beiträge in der Regel erst Wochen nach Erscheinen, so daß Honorare oft nicht wie eine Bezahlung für geleistete Arbeit, sondern als zufällige Belohnung erscheinen. Die Situation auf dem Sozialamt entwickelte sich nun aber zu einem Schauspiel besonderer Art, das H. bald als tragikomische Posse vorkam. Er wollte im Grunde ja gar kein Geld vom Sozialamt. Er benötigte nicht die »Stütze«, wie H. bereits mit einem leicht identitätsverwirrten Schmunzeln sagte. Er wollte lediglich die papierne Bestätigung der Mittellosigkeit. Sei darüber amtlich befunden, könne das Bezirksamt aktiv werden, in dem der Verein ansässig ist und H. für eben jene bewilligte Stelle aus dem BSHG-Programm mit dem Gehalt BAT 5c anfordern. Das Sozialamt freilich brauchte und sollte aus strategischen Gründen von diesem Maskenspiel nichts wissen. H. wies seine ohnehin wenigen Auftraggeber an, ausstehende Honorare noch ein paar weitere Wochen zurückzuhalten, damit seine Mittellosigkeit eindrucksvoll unter Beweis gestellt werden konnte. Die, so dachte H., der ja tatsächlich pleite war, ist nicht einmal simuliert, wenngleich es genau definierte Unterschiede zwischen Pleite, also Insolvenz, und Mittellosigkeit geben mochte. Sobald nur die letzte Farbkassette seiner Schreibmaschine verbraucht war, die Telefonrechnung nicht mehr bezahlt werden konnte, war Kulturarbeiter H. ohnehin von jeder Einkunftsmöglichkeit abgeschnitten.

Mit dem ausgeprägten Bewußtsein für diese knifflige Situation setzte er sich eines Freitagmorgens im Dezember auf die Wartebank des Sozialamts in seinem Bezirk, der wegen sozialer Härten über die Stadt hinaus einen großen Bekanntheitsgrad erlangt hat. Die Begebenheit, die nun folgte, erzählt H. immer mit dem Anflug einer gewissen Betroffenheit. Er war im Grunde ein Wallraff in eigener Sache, die persönlichkeitsdiffamierende Atmosphäre in den düsteren Amtsfluren, die auch ihn sofort an Kafka denken ließ, ging ihm aber doch zu Herzen. Wenn sein Coup mit dem Verein nicht gelänge, müßte er eines Tages wahrscheinlich real als Mittelloser hier vorsprechen. Schwer zu sagen, ob er sich nun auf der Karriereleiter nach oben befand oder ob er bloß den Fall in das besagte soziale Netz übte. H. war sich während des Wartens ob der theatralischen Gattung, die er aufführte, nicht mehr so sicher.

Weil es Freitag war, befleißigte sich der Beamte, nicht dem Klischee vom schlechtgelaunten Sachbearbeiter zu entsprechen. Heute könne er aber, teilte er H. freundlich mit, leider nicht mehr viel machen. Er, H., solle die Formulare, die er ihm nun überreiche, ordentlich ausfüllen. Am Montag werde man weiter sehen. H. hatte von anderen gehört, daß Sozialhilfe zu empfangen ein aufreibendes, zeitintensives Unternehmen sei. Umsonst ist nichts. Der Beamte stellte unserem mittellosen H. sofort eine Anweisung über den Betrag von 69,10 Mark aus, die H. an der Amtskasse in bar ausbezahlt bekam. Immerhin, dachte H., das soziale Netz scheint tragfähig. Dieser Betrag, so erzählte später ein Freund, stellt für das Sozialamt so eine Art Aggressionspuffer dar. Wer Geld bekommt, verläßt ruhig das Haus.

H. hatte also den ersten Akt seines absurden Stücks erfolgreich aufgeführt und eine vorläufige Registriernummer bekommen. Mit einem gewissen Stolz auf diese Leistung stieg er draußen vor der Tür in einen Linienbus, der sinnigerweise mit der Aufschrift »Öfter mal zum

Trabrennen« für ein Unternehmen der Unterhaltungsindustrie Werbung machte. Um den besonderen Witz dieser Reklame begreiflich zu machen, müssen wir hier erwähnen, daß unser Kulturarbeiter auch ein begeisterter Pferdewetter ist. Zunächst ging H. mit seiner »Stütze« aber zum Friseur, in der Hoffnung, vielleicht am darauffolgenden Montag ein Lob vom Sachbearbeiter seines Antrags zu erhalten, weil H. trotz seiner Notlage auf sein Äußeres achtgebe. Er fühlte sich schon ganz in seine Rolle ein.

Es kam anders. Am Sonntag machte H. tatsächlich einen Gewinn auf der Rennbahn, was ihn Montagmorgen recht zufrieden auf der nun schon bekannten Bank Platz nehmen ließ. Der zweite Akt des Schauspiels über den Erwerb einer BSHG-Stelle nahm seinen Lauf. Nun fügte sich auch der Sachbearbeiter ins Klischee. H. hatte am Freitag übersehen, daß die zuvorkommende Bedienung eben die Freitagslaune des Beamten gewesen war. Nun bekam er die Montagslaune zu spüren. So saßen sie sich gegenüber, H. und der Beamte, der in H.s Augen kaum eine Dummheit unausgesprochen ließ, als es für ihn darum ging, »sein« Geld zu verteidigen. H. hingegen mußte sich mehrfach ins Gedächtnis rufen, daß er ja nur eine Situation simulierte, die sich auf unangenehme Weise nur geringfügig von der Realität unterschied. Als H. einmal kurz zum weiteren Warten nach draußen auf den Flur geschickt wurde, traf er eine Freundin, die ebenfalls wartete. H. ertappte sich dabei, ihr gleich den Grund seiner Anwesenheit in allen Einzelheiten erläutern zu müssen. Wer zum Sozialamt geht, geht eigentlich nie richtig hin.

H. wurde wieder hereingerufen, und das Spiel, in dem er den Sachbearbeiter für seine Zwecke einsetzte, nahm seinen Lauf. Der Sachbearbeiter legte einen bissigen Zynismus an den Tag, den H. angesichts der Situation devot über sich ergehen ließ. Das, so ging es ihm durch den Kopf, könnte die Unterwürfigkeit gewesen sein, die die Greuel der Naziherrschaft mit ermöglicht hatte. Der arme Sachbearbeiter erwarb sich gottlob noch ein paar Pluspunkte bei H., als er erwähnte, daß ihm der ganze Papierkram selbst zum Hals heraushänge. So fühlten sie sich einen Moment lang beide als Opfer einer Maschinerie, wobei der Sachbearbeiter darüber hinaus ja noch Opfer in H.s Simulationsspiel war. H. merkte mehr und mehr, wie schwer das Fortkommen im sozialen Netz ist. Der Sozialamtsbeamte begab sich auch rasch wieder in die Rolle des griesgrämigen Sachwalters. Als er bemerkte, daß H. in der Künstlersozialkasse (KSK) krankenversichert war, ließ er sich zu einigen Äußerungen über seine Vorstellungen vom Künstlerdasein hinreißen, was H. die Ahnung einflößte, daß die ganze Geschichte mit der Kulturarbeit sich auf bereits verlorenem Terrain abspielte. Zu den Äußerungen des Beamten schwieg er. H. hatte die zweite Hürde seines Coups genommen.

Als er wieder auf den Flur trat, war gerade ein junger Mensch, den man einen Punk zu nennen pflegt, dabei, die Tür eines anderen Zimmers mit Tritten zu bearbeiten. Vermutlich hatte bei ihm der Pufferbetrag nicht die gewünschte Wirkung erzielt. H. befiel, obwohl er sein Ziel fast erreicht hatte, eine gewisse Beklemmung. Dafür bot nicht der Punk den Anlaß, an dem er achtlos, wie er sich später eingestand, vorbeiging. Seine Beklemmung erwuchs vielmehr aus der vierten sozialen Identität, die er soeben erworben hatte. Alles schien so mühelos zu gehen. Das Bezirksamt des kulturell unterversorgten Bezirks der Kulturstadt Berlin konnte ihn nun über den Amtsweg in den fünften sozialen Stand des Angestellten versetzen, der freilich die anderen Stände zum Erlöschen brächte. Der Kulturarbeiter H., der als Selbständiger, Arbeitsloser und Studierender nun Sozialhilfeempfänger ist, könnte zum legitimen Kulturarbeiter werden, wenn auch nur für begrenzte Zeit.

Als H. wieder ins Freie trat, kreuzte kein Bus mit Rennbahnwerbung seinen Weg. H., der nach wie vor wußte, daß er sich innerhalb einer absurden Versuchsanordnung aus realistischen Elementen befand, befiel eine dumpfe Traurigkeit, die möglicherweise daher rührte, daß in all diesen Spielabschnitten niemand nach seiner wahren Identität gefragt hatte. Brechen wir H.s Geschichte hier ab. Es sollte ja nur ein Beispiel dafür sein, wie kurios der Weg zum Geld der anderen, in diesem Fall des Staates, sein kann.

## Der Übermut der Ämter

### *Arbeitsamt, Erstbegehung*

Wie vom Gericht oder vom Krankenhaus weiß vom Arbeitsamt jeder, wie es funktioniert, ohne es je aufgesucht zu haben. Das Logo, rot auf weißem Grund, könnte das Emblem einer flotten Werbeagentur sein, irgendwas zwischen Anarcho-A und Aufstiegsorientierung symbolisierend. Allein, daß dem A ein Bein fehlt, erzeugt Mißtrauen. In der Eingangshalle herrscht rege Geschäftigkeit. Nur gelegentlich bleibt jemand vor der überdimensionierten Wegweiservitrine stehen, in der in viel zu kleinen, beweglichen Lettern die einzelnen Abteilungen aufgeführt sind, wie auf einer Lebensmittelverpackung die Ingredienzen. Die Umherlaufenden wissen, wohin sie müssen. Auf dem Arbeitsamt wird gearbeitet, genau das scheint man den Freigesetzten bereits im Eingangsbereich unmißverständlich kundtun zu wollen. Aktenberge werden auf kleinen Rollwagen zum Fahrstuhl geschoben, »Mahlzeit« sagen sich ihre Lenker. Manche Flure sind dunkel und leer, man ist auf größeren Ansturm gefaßt.

Für den Arbeitslosen, Störenfried in der Betriebsamkeit des Amtes, gibt es zwei Kernhandlungen: die Meldung und die Vermittlungsberatung. Letzteres ist einem Arztbesuch vergleichbar. Nach der Meldung gibt es einen Überweisungsschein, Termin erst nach Vereinbarung. Als Alltagsereignis interessiert die Erstbegehung, woraus das zitierfähige statistische Material erschlossen wird. Im Zentrum des Meldevorgangs steht das in allen Ämtern gebräuchliche Prinzip Wartenummer. Es ist ein stummes, scheinbar referenzloses Verweisungssystem, das die Verausgabung von Zeit bei gleichzeitiger Alarmbereitschaft verordnet. Bald glaubt man, Struktur und Rhythmus verstanden zu haben, aber die Regel wird immer wieder durchbrochen. 597 zu Zimmer 248, 598 zu Zimmer 248, 326 zu Zimmer 259. Unmöglich, zur Toilette zu verschwinden oder eine Zeitung zu kaufen. Wer seine Nummer verpaßt, läuft Gefahr, eine neue ziehen zu müssen. Hieraus wird gern die Verschwörungstheorie abgeleitet, daß es darum gehen muß, den Amtsgänger gefügig zu machen und ihn zur Nummer zu degradieren. Doch das einzige, was in dieser Anordnung umfassend organisiert scheint, ist schlechte Laune. Die Erstbegehung ist ein bedeutsamer Initiationsakt, der unbedingte Anwesenheit verlangt.

Der ganze Vorgang wäre auch postalisch zu erledigen, aber es soll eine symbolische Bekräftigung abgehalten werden, keine Dienstleistung. Der konstitutive Zeitüberschuß tritt dem Arbeitslosen in diesem innenarchitektonischen Provisorium als Voraussetzung und Vorwurf entgegen. Die Schalensitze aus Hartplastik tragen stolz ihre Brandlöcher als Tätowierungen eines erzwungenen Zeitstaus. Unterwürfigkeit und Trotz halten die Grundstimmung des Raums in der Waage. Man wartet im Flur, das stimmt ein auf die bevorstehende Desintegration, signalisiert aber zugleich die Vorläufigkeit des neuen sozialen Status, über dem das Versprechen schwebt, bei entsprechender Führung aus ihm wieder herausgeleitet zu werden. Als Aschenbecher dienen Bonbon-Dosen oder Kaffeebecher, die von einigen demonstrativ mißachtet werden. Zeitungen liegen nicht aus. Handgeschriebene Hinweisschilder werden zur Lektüre, vereinzelt kleben blöde Witzbildchen aus Kalendern für Büroarbeiter an den Wänden. An zu niedrigen Tischen gebückt, füllen manche Formulare aus.

Nach Anzeige seiner Nummer betritt man ein Büro, in dem immer zwei Arbeitslose gleichzeitig unterwiesen werden. Es folgt eine Art Teilentzug der bürgerlichen Ehrenrechte. Sozialversicherungsausweis und Lohnsteuerkarte werden eingezogen. Ämter, die Geldleistungen gewähren, sind auf nichts so sehr bedacht wie auf

Schutzvorkehrungen gegen Betrug. Ganze Staffeln von Fragen nageln den Antragsteller auf eine eindeutige soziale Position fest. Das Amtswesen erträgt keine Definitionslücken. Wenn alle Unterlagen vollständig sind, schickt man den Arbeitslosen mit neuer Wartenummer wieder vor die Tür. Fehlt ein Papier oder Stempel, ist man durchgefallen. Während der Öffnungszeiten darf man wiederkommen, schließlich fußt das ganze Verfahren auf einem sorgfältig formulierten Rechtsanspruch. Zur Bekräftigung des Rangunterschiedes bedienen die Angestellten der »Leiste«, wie diese Zone im Hausjargon heißt, einen Computer. Die Mitarbeiter des Hauses arbeiten in einer Art Rotationssystem, weil der Aufnahmedienst in der »Leiste« als besonders anstrengend gilt. Die neuen Arbeitslosen finden sich nur mühsam ins Getriebe ein. Immer wieder kommt es zu verbalen Ausfällen und Türenschlagen. Das gilt für Neuankömmlinge. Die Erfahrenen schauen in ihrer Apathie nicht einmal mehr auf. Sie wissen, der Vorgang ist nur eine Vorbehandlung auf dem Weg zum Leistungsempfängerdasein, der privilegierten Ausgabe der Arbeitslosenexistenz.

Für spezielle Fragen ist niemand zuständig, vollkommen zwecklos, ja hinderlich, welche zu stellen. Es verzögert die Angelegenheit nur. Außerdem, ein falsches Wort, und es könnte ein Vermerk im Datensatz landen. Wohin sich wenden, denkt der Arbeitslose, nachdem er wieder vor der Tür angelangt ist, wenn das System versagt, die Nummer auf der einen Seite vergessen wird? Es folgt eine weitere Etappe schuldhaften Wartens. Erst wenn man die Hürde der Meldung genommen hat, erhält man den Namen seines persönlichen Beraters, aber das gehört schon zum Simulationsspiel gegenseitigen Bedauerns über die Nichtvermittelbarkeit.

Und trotzdem: Auf dem Arbeitsamt sind nur im Ausnahmefall Einblicke ins soziale Elend zu gewinnen, es spielen sich keine Dramen persönlicher Schicksale ab. Die Aufmerksamkeit für den anderen ist schwach entwickelt, man ist mit sich selbst beschäftigt. In Erwartung eines gesellschaftlichen Abstiegs, der nicht das Ende bedeutet, assoziiert sich der Arbeitslose nicht. Jeder kämpft auf seine Weise mit dem unbestimmten Gegenüber. Gegeben wird eine pikante Variation des gesellschaftlichen Verteilungskampfes. Mit den geborgten Insignien einer Behörde werden Arbeitsplatzinhaber zu Triumphatoren über jene, ohne die sie arbeitslos wären.

### *Schreiben*

Bei langen, dunklen Amtsfluren assoziiert der gebildete Mensch häufig Kafkas Romane. Und tatsächlich, dem Amt fehlt wie Kafkas »Schloß« ein Machtzentrum. Die vorhandenen Hierarchien geben einen klaren Machtaufbau nur vor. Amtsleiter dirigieren eine Schar von Sachbearbeitern, die wiederum Hilfskräfte befehligen usw., doch nichts hört der Besucher – auf allen Ämtern ist man Besucher – so oft wie den Satz: »Da kann ich leider nichts machen, wir sind angewiesen, das steht so im Gesetz.« Das Gesetz wiederum ändert sich laufend, und niemand kann genau sagen, welche Regelung gerade gilt. Das Amt, würden vielleicht Dekonstruktivisten sagen, ist ein Rhizom. Die Direktive, die autoritäre Anweisung, mit der beispielsweise Sozialhilfeempfänger und Asylanten zum Straßenfegen abkommandiert werden, ist die Ausnahme. Sie entspringt überkommenen Politikerphantasien, Hilfestellungen zum gesellschaftlichen Wertesystem geben zu müssen, obwohl oder weil Politik selbst das beste Beispiel für einen Verweisungskontext jenseits von Gemeinsinn und Werten abgibt. Das Amtsleben basiert auf der Praxis reibungsloser Verfahren. Nur im Ausnahmefall bringt es – wie ein nicht zu unterdrükkender Rülpser in feiner Gesellschaft – unpassende Gebärden hervor.

Der Initiierte befindet sich in einem virtuellen Verfügungssystem, das durch Schreiben anleitet. Es wird in der Regel erst aktiviert, wenn der reibungslose Systemfluß gestört ist, d.h. wenn Angaben unvollständig sind oder Termine nicht eingehalten werden. Immer wieder klagt das Amt Präsenz ein, als gelte es, sich über eine ungewisse Realität Klarheit zu verschaffen. Das ist vielleicht auch der Grund für die in Amtsschreiben häufigen Verweise auf einen kontingenten Sanktionsapparat, der impliziert: Wir können auch anders. *(»Sollten Sie auch dies unbeachtet lassen, sehen wir uns leider veranlaßt, gegen Sie Zwangsvollstreckungsmaßnahmen einzuleiten, was für Sie mit zusätzl. Kosten verbunden wäre.«)* Was wie eine Drohung klingt, ist strenggenommen wieder nur der Verweis auf Verfahrenspraxis. Die passivische Ausdrucksweise »... sehen wir uns leider veranlaßt ...« unterstreicht, daß es für einen Regelverstoß keine autorisierte Güteinstanz gibt. Amtsschreiben sind von einer autorlosen Maschine verfaßt. Der Name des Unterzeichnenden ist meist unleserlich, der schwach, nur einseitig aufgedrückte Stempel ebenfalls. Immer unterschreibt jemand im Auftrag. Die Amtsmacht basiert auf einem undurchschaubaren Stellvertretersystem, das expressive Einsprüche vollkommen sinnlos macht. Es gibt den Weg der Beschwerde. Halten sie den Verfahrensweg ein. Es soll vorkommen, daß zwischen Beamten und Verwalteten persönliche Kämpfe ausbrechen. Zeitungen berichteten von einem Fall bürokratischen Amoklaufs. Eine Amtsperson hatte gegen ein Sozialprojekt, das durch die Behörde gefördert wurde, Rückzahlungsforderungen in Millionenhöhe erhoben, um den garstigen Projektleiter zu erledigen.

Man denkt sich die Herrschaft der Bürokratie gern despotisch. Durch Anmaßung einzelner läuft, so die Vorstellung, das Regelsystem aus dem Ruder und läßt sich nur schwer wieder auf Kurs bringen. Die Bürokratie als ein von keiner legitimen Instanz steuerbarer Hochseedampfer ist ein moderner Mythos, an den Bürokraten selber gern glauben. Zwar sind Amtshandlungen in der Regel nicht reversibel, doch das Amtsprinzip setzt Anschlußfähigkeit an die Stelle autoritären Vollzugs. Amtsverfahren sind strukturell antidramatisch. Gebärden und Gesten erweisen sich, wenn sie vorkommen, leicht als übertriebene Emphase.

Das Amt schreibt und es erwartet schriftliche Antwort. Die Schriftform ist ein bedeutendes Mittel der Distanzierung. Auf Briefen stehen Vermerke wie: *»Aus Datenschutzgründen können telefonische Auskünfte nur in begrenztem Umfang erteilt werden. (Bitte bei jeder Antwort dieses Zeichen angeben ...)«* Die Begründung verbirgt, daß Telefonkontakte unerwünscht sind. Sie böten unzureichende Kontrollmöglichkeiten über den Verwalteten. Machtinsignien wie Computer und Akten könnten nicht in Anschlag gebracht werden. Besonders störend ist, daß der Anrufende ohne Vorwarnung in das Amtsleben einzudringen vermag. Anrufzeiten sind deshalb sehr kurz bemessen, das Amt selbst ruft nicht an. Doch ist der Vorwurf unzutreffend, das Amt sei eine monströse, anonyme Anstalt. Immerzu werden Ladungen verschickt, das Amt besteht auf körperlicher Präsenz, ganz so, als gelte es, dem durch das soziale Netz Gefallenen seelsorgerischen Beistand zu gewähren. Kein Arbeitgeber nimmt den Vorgang der Abmeldung in den Urlaub so ernst wie das Arbeitsamt. Sozialämter wiederum wissen je nach sozialem Abstiegsstadium zu unterscheiden, wem die »Stütze« wöchentlich auszuzahlen ist und wem man das Geld für einen Monat im voraus anvertrauen kann.

Das Amt legt Wert auf kontrollierte Anwesenheit, zu sich selbst kommt es jedoch am besten im Schreiben. Man verwendet blaßfarbene Umschläge, schon am Briefkasten erkennt der Empfänger von Amtsschreiben den Absender. Das Amt benutzt Vordrucke, auf die handschriftliche Zusätze gekritzelt sind wie *»Belege anbei! Bitte reichen Sie die Aufstellung 12/94 ein«*. Auf handschriftliche Notizen wird wenig Sorgfalt verwandt. Die Vordrucke enthalten Gesetzesparagraphen mit Kolonnen von Rechtsbelehrungen, maximal in Fünfpunkt-Schrift, mit geringem Zeilenabstand, die betreffende Variante ist angekreuzt. Häufig sind es nicht einmal Vordrucke, sondern Kopien von Vordrucken auf Umweltpapier, das nicht nach dem Umweltpapier des Zeitgenossen mit Öko-Bewußtsein aussieht, sondern nach Papier minderer Qualität, als gelte es, die Sparsamkeit des Amtes kundzutun. Die armselige Erscheinungsform der Ämter ist als konstitutiver Vorwurf gegen den Verwalteten zu lesen, Zeichen der Ermahnung und des Trostes zugleich.

Der Amtskontakt folgt einem System gegenseitiger Verachtung und Ehrfurcht. Eine kommunikative Aufhebung dieser Konstellation ist kaum denkbar. Fraternisierungsversuche erweisen sich, je ernster sie gemeint sind, desto mehr, als lächerliche Attitüden. (»Ich würde Ihnen ja gern helfen, aber ...«) Andererseits wirken manche Amtspersonen in dem System bisweilen selbst störend, weil sie offenbar das Fehlen des Machtzentrums nicht ertragen können und auf herkömmliche Machtdemonstrationen zurückgreifen müssen. Warten lassen, zynisch werden, kleinlich sein... Die Schriftform bietet hier fraglos Schutz, sie bewahrt beide Seiten vor Momenten peinlicher Nähe. (»Selbstverständlich sind wir gern bereit, anstehende Fragen in einem persönlichen Gespräch, nach vorheriger telefonischer Terminvereinbarung, mit Ihnen zu klären.«)

Der Kern aller Amtsschreiben ist eine Litanei aus Belehrungen, die durch Gesetze bekräftigt sind. *(»Ordnungswidrig handelt gemäß Paragraph 231 Abs. 1 Nr. 4 des Arbeitsförderungsgesetzes (AFG), wer entgegen Paragraph 60 Abs. 1 Nr. 2 SGB I eine Änderung in den Verhältnissen, die für einen Anspruch auf eine laufende Leistung erheblich ist, nicht, nicht richtig, nicht vollständig oder nicht unverzüglich mitteilt.«)* Unverzüglich ist ein Wort, das erst im Amtswesen zu seinem vollen Sinn kommt. Eine Rechtsmittelbelehrung regelt Widerspruchsmodalitäten, auch nach Widerspruchsbescheiden sind weitere Eingaben denkbar. Der Schriftverkehr erzeugt sich selbst.

Zu literarischen Höhepunkten gelangen Amtsschreiben, wenn Amtspersonen sich doch noch einmal zu persönlichem Einsatz angespornt sehen. Ein besonders schönes Beispiel für die Überschußenergien eines Amtsdezernenten gibt ein Auszug aus dem Schreiben eines Jugendamtes (hier übrigens auf holzfreiem Papier mit dem Logo eines saarländischen Landkreises), das die Rechte eines unehelichen Kindes gegenüber dem Kindsvater vertritt: »*Ich weise Sie darauf hin, daß Sie Ihre Fähigkeiten in wirtschaftlich sinnvoller Weise einzusetzen haben, damit Sie Ihren Unterhaltsverpflichtungen in angemessener Höhe nachkommen können. Ferner rate ich Ihnen, ...*« Gern liest der Unterhaltspflichtige, daß sich jemand um den adäquaten Einsatz seiner Talente sorgt.

*Rechnen*

Schon die Schriftform ist für das Amt ein bedeutendes Mittel zur Verfahrenssicherung und Distanzierung, aber seine eigentliche Stärke liegt im Rechnen.

»*Ich verpflichte mich, diesem Kind einen auf der Grundlage der geltenden Regelbedarfsverordnung – der Bundesregierung – unter Anrechnung von 25,00 DM Sozialleistung bis 31. Dezember und ab 1. Januar 1992 von 35,00 DM Sozialleistung nach dem Paragraphen 1615 des Bürgerlichen Gesetzbuches ermittelten Unterhalt monatlich im voraus zu zahlen:*
*vom 22. Mai 1991 bis 31. Dezember von 407 DM*
*in Buchstaben vierhundertsieben*
*vom 1. Januar 1992 bis 30. Juni von 397 DM*
*in Buchstaben dreihundertsiebenundneunzig*

*vom 1. Juli 1992 bis 4. Februar 1993 von 466 DM in Buchstaben vierhundertsechsundsechzig (...) Die Übereinstimmung mit der ersten vollstreckbaren Ausfertigung wird beglaubigt. (...)«*

Für alles liefert das Amt Berechnungsbeispiele und nennt die Berechnungsquelle, hier die Düsseldorfer Tabelle, die für alle Unterhaltsverpflichtungen maßgeblich ist. Das Amt gibt Transparenz und Unfehlbarkeit vor, aber es ist ratsam nachzurechnen. Häufig unterlaufen Fehler. So auch im vorliegenden Fall, wo der feierliche Akt der Beurkundung mit dringender Anwesenheitspflicht, zum Zwecke sofortiger Vollstreckbarkeit im Falle unterlassener Zahlungen, wegen eines Rechenfehlers zu Lasten des Kindsvaters wiederholt werden mußte. Nach der Beurkundung bedarf es diverser Unterschriften und Stempel seitens des Amtes, weshalb der Kindsvater die Urkunde zu einem späteren Zeitpunkt gegen nochmalige Vorlage des Ausweises abholen muß. Selbstverständlich könne die Urkunde auch per Postzustellungsurkunde zugesandt werden, die Kosten müßten in diesem Fall aber dem Kindsvater in Rechnung gestellt werden. Die Amtstätigkeit hat nur wenig mit der realen Bedürftigkeit der Betroffenen zu tun. Zum Zeitpunkt der Beurkundung war das Kind, dessen Amtspflegschaft dem zuständigen Jugendamt übertragen worden war, bereits zweieinviertel Jahre alt. Der Kindsvater hatte Mutter und Kind nach seinem Gutdünken seit der Geburt des Kindes unterstützt. Die Kindsmutter hatte sich über Höhe des Betrages nie beklagt, aber selbstverständlich war dieses willkürliche Nachkommen der Unterhaltspflicht bar jeder Rechtsgrundlage. Im Rechnen objektiviert sich der Machtanspruch des Amtes, stellvertretend, versteht sich.

Ein Beispiel für Rechenwut wurde kürzlich im Gerichtsreport einer Wochenzeitung dokumentiert. Vor einem Hamburger Gericht war ein Hafenarbeiter, der zeitweilig arbeitslos war, aber sich nie arbeitslos gemeldet hatte, zu Unterhaltsnachzahlungen in Höhe von rund

180 000 DM verurteilt worden. Alle Beteiligten wußten, daß diese Rechnung niemals beglichen werden konnte. Zwar hatte der Kindsvater der mittlerweile fast erwachsenen Jugendlichen immer wieder Geschenke und Geld zukommen lassen. Diese konnten jedoch nicht angerechnet werden, weil sie nie vom zuständigen Jugendamt registriert worden waren. Auf die Frage des Richters, warum er den Unterhaltszahlungen denn nur sporadisch nachgekommen sei, antwortete der Beklagte verlegen, er habe es für sinnvoller befunden, dem Kind Geschenke zu machen, als dem Amt Geld zu überweisen. Kein Wirtschafts- oder Inkasso-Unternehmen beharrt so sehr auf Zahlungsverpflichtungen wie Amtsverwaltungen. Wo im normalen Geschäftsleben aufwendige Mahnverfahren eingehalten werden müssen, sichert sich das Amt prophylaktisch das Recht zur Pfändung.

Wenn Ämter rechnen, dann zementieren sie ihre Idee einer nicht hinterfragbaren Gerechtigkeit. Die Zeit bis zum Jüngsten Gericht vergeht in Tagessätzen. Wenn der Arbeitslose Nebeneinnahmen hat, kommt ihm das nach einem komplizierten Schlüssel an vergüteten Tagen auch wieder zugute. Monat für Monat muß er seine Einnahmen wie bei einer Steuererklärung in Form einer Überschußrechnung angeben. Das wiederum ruft eine Amtsperson auf den Plan, die die Rechnung prüft und Einwände erhebt, während eine andere Stelle der Frage nachgeht, ob für die Zeit seiner Nebenbeschäftigung auch eine prinzipielle Verfügbarkeit für das Arbeitsamt bestand. Verwahrungssysteme sind zur Selbstlegitimierung unbedingt auf Zählen und Rechnen angewiesen. Vielleicht ist das Amtsleben deshalb so schwer zu verstehen, weil es eben nicht als pures Herrschaftssystem funktioniert, sondern als religiöse Unterweisung. Das würde zumindest das ewige Leben des Amtswesens erklären.

O Herr, gib ihnen Zahlen.

Bei der Hübschen im roten Kostüm und ihrem unbeweglichen Schminkelächeln ist Schluß. Ohne Einladung, macht sie unmißverständlich klar, geht gar nichts. Ihr anziehendes Äußeres ist kalkulierter Irrtum, sie erweist sich umgehend als Bollwerk eines unerbittlichen Einlaßsystems, Ort und Anlaß sind völlig beliebig. Als ich fragend auf meinen Presseausweis deute, der einen zum Eintritt legitimierenden, in Folie laminierten roten Punkt aufweist, schickt sie mich freundlich an den Stand nebenan. Dort gibt's ein Tagesbändchen in Grün. Eine andere Schöne in rotem Kostüm zurrt es so fest, daß ich es auch mit Kraftaufwand nicht vom Handgelenk abstreifen kann. Ich kenne das System vom Roskilde-Festival in Dänemark, wo Hippie-Traditionalisten die jährlich wechselnden Farben der Bändchen wie tätowierte Trophäen am Arm tragen. Jedes Jahr kommt ein neues hinzu.

Soweit gehen VIPs natürlich nicht. Außerhalb der Festivität wäre ihnen die Kennzeichnung peinlich. Mit einer gewissen Sportlichkeit betreiben sie dafür unterschiedliche Praktiken des Hineinschummelns. So gibt man vor, die Eintrittsberechtigung verloren zu haben, und erbittet nun eine neue. Das macht in der Regel kein Problem, wenn der VIP auf der Einladungsliste steht. Generös läßt sich die so erstandene zusätzliche Eintrittsberechtigung an Dritte weitergeben. Sehr viel nachhaltiger stellt man freilich seine gesellschaftliche Anerkennung sowie Durchsetzungsvermögen auf die Probe, wenn man sich ohne Einladung Zutritt verschafft. Hierzu bedarf es bestimmten, aber ruhigen Auftretens sowie einer einfallsreichen Geschichte. An der Einschüchterungsmethode (»Holen Sie mir bitte den Organisationschef«) erkennt man den nicht Geladenen.

Das VIP-Zelt ist eine mobile Einrichtung der Event-Kultur, heute hier, morgen nicht mehr da. Auf Brettern bedeutet man der Welt, daß man St. Moritz hin, Bayreuth her, die Austern durchaus im Stehen zu schlürfen bereit ist, solange nur Boris spielt, ein Künstler Blut und Farbe mischt oder die Stones es mit Golf und Polo machen. Der gesellschaftliche Schick hat sich nomadisiert. Nirgends ist man mehr davor sicher, daß sich der Pöbel die Zeichen von Stil und Klasse unter den Nagel reißt. Alkoholisiertes Grölen soll jüngst selbst beim Polo-Turnier vernommen worden sein. Da zittern die VIPs im Rhythmus des Bretterbodens. Die Zeltarchitektur ist sinnbildlich zu lesen. Die Planen des Luxus lassen sich mühelos abbrechen. Die Karawane zieht weiter.

Die Lust aufs Provisorium ist Furcht vor Nachahmern minderer Güte. Je nach Anlaß leuchtet salbungsvoll rot oder naturverbunden grün die Auslegeware zum urbanen Großereignis für Eingeweihte. Einen wie mich, der auf dem Lande aufgewachsen ist, erinnert das schwer ans dörfliche Schützenfest, wo der Schwingboden müde knarrte, wenn früh morgens die Betrunkenen mit ausgefegt wurden. Als VIP fühlte sich hier allenfalls der Bürgermeister, der ein Malergeschäft im Ort hatte und es mit undurchsichtigen Immobiliengeschäften, wie es hieß, zu ansehnlichem Reichtum gebracht habe. Der Oppositionsführer war übrigens Lehrer. VIP wäre dieser heimatkundlichen Herleitung zufolge ein Strategiebegriff von Parvenüs, sich weitere Nachrücker vom Leib zu halten.

»Bekomme ich bei Ihnen zwei Programmhefte«, fragt der bekannte Kommissardarsteller W. eine der Kostümschönen, doch die ist nun einmal nur für die farbigen Bändchen zuständig. »Miese Organisation«, brummt der Serienstar, als er nebenan in die Warteschlange geschickt wird. Normalmenschen kaufen ihr Programmheft draußen vor der Zone für vier Mark das Stück, aber einem wie W. mangelt es immer am Kleingeld. »Ich hätte gern ein T-Shirt in der Größe XXL«, bittet ein Fernsehreporter, dessen forsches Auftreten verrät, daß er erkannt werden möchte. Er setzt einen öffentlich-rechtlichen Beschwerdeblick auf, als man ihm bedeutet, daß er die Textilie mit Werbeaufdruck nur käuflich im Devotionalienhandel erwerben kann. »So erreicht eure Veranstaltung nie Format«, grummelt er noch. Die Journalisten seien die Schlimmsten, meint eine der Hostessen, als ich sie nach den schönsten Erlebnissen ihres Jobs befrage. Die wissen immer, wie eine professionelle Organisation zu laufen hat, und kompensieren damit doch nur ihr Leiden, nicht so recht zu den feinen Leuten zu zählen. »Provinzveranstaltung!« habe sie neulich der freie Mitarbeiter einer Gelsenkirchener Zeitung angefaucht, dem sie mangels ausreichender Legitimation den roten Kastenpunkt verwehrt hatte. »Ausgerechnet Gelsenkirchen!« Das System der Punktvergabe, gesteht die Hosteß, begreife sie freilich selbst nicht genau, es wechsele stündlich.

Für Journalisten, die eine Akkreditierung ergattert haben, beginnt der Kampf ums Dazugehören jetzt erst. Ans Buffet zu gelangen bedeutet eine Art Aufbesserung des Zeilengeldes. Hundeelend müssen sich Kollegen fühlen, die spüren: Wir müssen leider draußen bleiben. Rund 700 Leute tummeln sich in der von Hostessen und Ordnern streng bewachten weißen Zeltzone, wo in Sichtweite etwas Sportliches gegeben wird. Die Bewachung ist selbst schon Zeichen eines zur Schau gestellten Luxus. Dieses Bodyguard-Feeling ist im Pauschalpreis enthalten, den die Prolos aus Duisburg berappen, ehe sie sich an den Hotelstränden der Dominikanischen Republik vergnügen.

Im Zelt kommt Unruhe auf, der Regierende Bürgermeister im Wahlkampf hat sich samt Troß angemeldet. Die Hostessen dürfen jetzt am Einlaß keinen Fehler machen. Die meisten Gäste sind ja Geschäftspartner von Sponsoren des Veranstalters, die müssen rein. Ehrengäste wie Schauspieler W. sind obligatorisch, damit die Sponsoren nachher erzählen können, wer alles da war. Das ergibt auch schöne Fotos für die Pressemappe. »Besonders wichtig ist die Celebrity-Press«, verrät der Event-Manager, der noch ein paar Vokabeln wie z.B. Catering für gehobene Ansprüche nachlegt. Fernsehleute, die schon seit Jahren keinen Beitrag mehr produziert haben, meint der feste Freie H., tauchen zu solchen Anlässen samt Gattin auf und halten im kleinen Kreis Vorträge über das Ereignis und seine Darstellung in den Medien und was man sonst noch alles für seine Publizität tun müßte. Die VIP-Feste stehen ja in einem heftigen Konkurrenzkampf miteinander. »Ganz ausgezeichnet übrigens die Kanapees, Herr Kollege.« Knapp 70 Gäste, meint das Event-Management, zahlen für die VIP-Karten den Tageskurs von 150 Mark, ohne Tischreservierung versteht sich, Champagner mit Aufpreis. Ein sportinteressiertes Feinschmekker-Club-Mitglied, Inhaber einer Wochenkarte, zog es am dritten Veranstaltungstag vor, einen gewöhnlichen Platz auf der Tribüne zu besetzen. Immer nur Scampis, das habe ihm Sodbrennen verursacht, und die Rennen sieht man im VIP-Bereich auch nicht richtig.

Bei derlei Festen und Spektakeln feiert sich die Gesellschaft selbst und vergewissert sich ihrer sozialen Standards. Wo Zonen errichtet werden, erhält man vor allem Auskunft über die Unsicherheit der erreichten sozialen Position. Das VIP-Zelt ist aus dem flatternden Tuch der Abstiegsangst. Bereits ein paar Schritte weiter sind da die Großmeister des Pop-Spektakels. Zu ihrer letzten Tournee errichteten die Rolling Stones gleich drei VIP-Bereiche, die in ihrer Wertigkeit nicht zu unterscheiden waren. In welchem Zelt man mit Champagner oder Mineralwasser auch saß, man hockte immer im falschen.

Zwei schlanke Säulen aus Hartplastik sorgen vor dem Geldschalter meiner Bankfiliale für Ordnung. »Diskretion« heißt es darauf, und: »Bitte Abstand halten«. Die Bankkunden kommen der gedruckten Aufforderung selbst dann noch nach, wenn der Vorraum vor dem Schalter so sehr angefüllt ist, daß die Warteschlange sich mehrfach krümmen muß. Daß der geforderte Abstand widerspruchslos akzeptiert wird, ist das eine, daß man ihn oft gar nicht brauchte, das andere. Ein Griff in den Papierkorb neben dem Kontoauszugsdrucker fördert Geldgeschäfte von namentlich genannten Kunden zutage, die nicht den geringsten Wert auf Diskretion legen. Offenbar erachten sie es für nicht nötig, die Kontoauszüge mit Bezügen, Daueraufträgen, Abhebungen und Überweisungen zu vernichten, obwohl sie tiefe Einblicke in die Lebensführung gewähren. Das Bankgeheimnis wird mit achtloser Geste preisgegeben.

Eine diskrete Abwicklung des Geschäftsvorgangs ist durch den Abstand vorm Schalter indes nicht sichergestellt. Die Wartenden bekommen meistens recht genau mit, was vorne gerade verhandelt wird. Der eingehaltene Pflichtabstand symbolisiert denn auch eher eine Art allgemein bekundetes Desinteresse, während die totemistischen Säulen den profanen Einzahlungen, Abhebungen und Überweisungen eine sakrale Weihe verleihen.

***

Wenn in öffentlichen Räumen Diskretion eingefordert wird, muß ich immer an die katholische Beichte denken, die ich als junger Gläubiger vor der Erstkommunion und dann zunächst in Monats-, später in Jahresabständen ablegen mußte. Die Beichtstühle befanden sich in einem dunklen Seitenschiff der um 1200 n. Chr. erbauten Kirche, und wir Kinder durften wählen, ob wir die Beichte beim Pastor oder Vikar ablegen wollten, deren Namensschildchen an den Beichtstühlen hingen. In der Kirche war es so still, daß jedes Räuspern wie ein Donner bebte. Mit dem Gruß »Gelobt sei Jesus Christus« betrat man den Beichtstuhl, in dem man nur knien konnte. »In Ewigkeit, Amen« antwortete der Priester. Sein abgewandter Blick bedeutete, daß er auf keinen Fall zu erkennen beabsichtigte, wen er da vor sich hatte, ja er hielt zum besseren Vernehmen sogar die Augen geschlossen. In diesem geheimnisvollen Arrangement der Diskretion sollten die Gläubigen deren Überschreitung wagen und ihre Sünden hersagen.

Im Kommunionsunterricht hatten wir zuvor durchgenommen, was so alles als Sünde gelten konnte, und in diesem Sinn hatte ich meinen Text vorher selbstverständlich auswendig gelernt. Bei späteren Beichten griff ich stets auf die einstudierte Sündenliste zurück. Um nichts in der Welt hätte ich Intimes preisgegeben. Ich konzentrierte mich vielmehr darauf, so leise wie möglich zu sprechen, damit die da draußen auch ja nichts hören konnten. Dabei wollte ich ihnen gar nicht so sehr den Inhalt meines eingeübten Murmelns vorenthalten. Was mir tiefes Unbehagen bereitete, war die Form des bekennenden Sprechens selbst. Das Perfide daran ist, so kam es mir später vor, daß es über eine theatralisch in Szene gesetzte Diskretion eingefordert wird. Seither bin ich gleichermaßen mißtrauisch gegenüber Bekenntnissen und Diskretion.

***

Mein Vater war strikt der Auffassung, daß man über Geld nicht spricht. Wir Kinder kannten die Höhe seines Einkommens nicht, und schon gar nicht wollte er, daß Fremde sich ein Bild von seinen Einkommensverhältnissen machten. »Das geht keinen was an«, sagte er immer, wenn wir nicht verstanden, warum wir über etwas schweigen sollten, was man sich mit einem realistischen Einschätzungsvermögen der Berufswelt ungefähr ausrechnen konnte. Genau gegensätzlich zu meinem Vater verhielt sich ein Nachbar, der immerzu über sein Gehalt sprach und über die Verhältnisse anderer spekulierte. Es bereitete ihm sichtlich Freude, meinen Vater damit zu ärgern, wenn er dessen Gehalt mit seinen Schätzungen ziemlich nahe kam. Das Spiel hörte auch später nicht auf, als beide Rentner waren, und heute, nachdem mein Vater gestorben ist, fragt dieser Nachbar meine Mutter noch immer über ihren Rentenanteil aus. Seine Faszination angesichts des Geldes der anderen werte ich als Ausdruck einer Ungewißheit über die erreichte eigene Position eines kleinen Bahnbeamten.

Seine Neugier erstreckt sich sogar auf die nachfolgenden Generationen. So strapaziert er die alt gewordenen Menschen der Nachbarschaft meiner Kindheit mit seinen Überlegungen, warum mein Bruder einen BMW 3er fährt, während ich meine Mutter noch immer mit dem alten Kleinwagen meines Vaters besuche. In seiner dauernden Beschäftigung mit dem Geld der anderen neigt er in den eigenen Verhältnissen allerdings zu Übertreibungen. Sein Schwiegersohn, Redakteur einer Zeitung im Niedersächsischen, bezieht das Gehalt eines Chefredakteurs, wenn mich meine Kenntnisse des Tarifgefüges nicht täuschen. Dabei nimmt man es in der Nachbarschaft meiner Kindheit in Gelddingen recht genau. Wenn meine Mutter mit dem Auto zum Einkaufen in die nah gelegene Kreisstadt mitgenommen wird, entrichtet sie ihren Anteil an den Fahrtkosten, und peinlich genau registrieren die durchweg frei von finanziellen Sorgen lebenden älteren Menschen den Tausch von Naturalien aus ihren Kleingärten. Zuwiderhandlungen in der alltäglichen Kommunikation werden mit kleinen Kränkungen, Klagen und Beschwerden beglichen. Das Fragen nach dem Geld der anderen ist ein Fragen nach der bedrohten eigenen Sicherheit.

Wie man an das Geld der anderen herankommt, ist die vorherrschende Frage einer Umgebung, in der ich über Einblicke verfüge. Ich meine die Pferdewelt, genauer den Pferderennsport, wo beinahe täglich kleine Händel, Mauschelgeschäfte und mittlere Betrügereien ebenso abgewickelt werden wie vertraglich einwandfreie Geschäfte. Renntag für Renntag steht das Geld der anderen auf dem Prüfstand. Von der sportlichen Leistungsfähigkeit eines Tieres versprechen sich die Akteure auf diesem Jahrmarkt der Eitelkeiten die unterschiedlichsten Dinge.

Schon Franz Kafka wußte um die gemischten Gefühle, die auf Rennplätzen zirkulieren. »Nichts, wenn man es überlegt«, schrieb er (»Zum Nachdenken für Herrenreiter«), »kann dazu verlocken, in einem Wettrennen der erste sein zu wollen. Der Ruhm, als bester Reiter eines Landes anerkannt zu werden, freut beim Losgehen des Orchesters zu stark, als daß sich am Morgen danach die Reue verhindern ließe. (...) Viele unserer Freunde eilen den Gewinn zu beheben, und nur über die Schultern weg schreien sie von den entlegenen Schaltern ihr Hurra zu uns; die besten Freunde aber haben gar nicht auf unser Pferd gesetzt, da sie fürchteten, käme es zum Verluste, müßten sie uns böse sein, nun aber, da unser Pferd das erste war und sie nichts gewonnen haben, drehn sie sich um, wenn wir vorüberkommen, und schauen lieber die Tribünen entlang.« Und es kommt noch ärger. »Vielen Damen scheint der Sieger lächerlich, weil er sich aufbläht und doch nicht weiß, was anzufangen mit dem ewigen Händeschütteln, Salutieren, Sich-Niederbeugen und In-die-Ferne-Grüßen, während die Besiegten den Mund geschlossen haben und die Hälse ihrer meist wiehernden Pferde leichthin klopfen. Endlich fängt es gar aus dem trüb gewordenen Himmel zu regnen an.«

Ein Großteil der Energien auf einer Rennbahn gehen freilich direkt aufs Geld. Kein vergleichbarer Ort, wo es so offen hergezeigt oder in Bündeln in der Tasche getragen wird. Zahlreiche kleine Händel werden mit Bargeld abgewickelt. Pferdekauf ist Vertrauenssache und findet auf einem wenig transparenten Markt statt. Die Gefahr, übers Ohr gehauen zu werden, lauert an jeder Ecke und selbst der naive Millionär weiß darum. Mangelnde Kenntnis der Materie wird meist mit Aufpreis bedacht. Man bekommt nichts geschenkt, und falls es doch der Fall sein sollte, ist Mißtrauen angebracht. Freunde wissen: Das Schlimmste, was man einem Freund antun kann, ist, ihm ein Pferd zu schenken.

Ein Rennpferd besteht zu 10 Prozent aus Tier und zu 90 Prozent aus Illusionen. Der geeignete Markt für solche Güter ist die öffentliche Auktion. Auch wenn das Zahlenverhältnis anderes vermuten läßt, sind die Illusionen stärker nachgefragt als das Tier. Der gelungene Abschluß vollzieht sich nicht durch zufälliges Heben des Arms. Vielmehr bedarf er penibler Vorbereitung seitens des Anbieters. Zum geglückten Handel braucht es nicht zuletzt genaue Kenntnisse des Geldes der anderen. Geschickte Anbieter jedenfalls haben schon im Vorfeld der Auktion den potentiellen Käufer ins Auge gefaßt. Über Dritte, die das Vertrauen des Gemeinten besitzen, lassen sie wahre Wunderdinge über ein Pferd verbreiten. Obwohl fünfzig stattliche Tiere zur Auswahl stehen, geht alles auf die Erzeugung des Gefühls, es gehe um dieses Pferd oder um keines. Es kommt darauf an, den Stachel der Begierde unmerklich, aber tief ins Fleisch zu treiben. Das System einer öffentlichen Auktion ist äußerst störanfällig. Bis zuletzt kann es passieren, sei es durch einen Regentropfen oder einen leichten Anflug von Depression, daß ein Kaufinteressent von seiner bereits gefaßten Absicht abläßt. Je mehr Einfühlungsvermögen auf den potentiellen Kunden verwandt worden ist, desto größer die Chance für einen Abschluß. Beim Vorgang des Bietens heizen Strohmänner das Geschäft an und versuchen, den Preis in die Höhe zu treiben. Sie müssen ein Gespür dafür haben, wann beim anvisierten Käufer der Bereich des Zauderns erreicht ist.

Alles geht sehr schnell. Die Bieter müssen einen Platz innehaben, von dem aus sie alles gut einsehen können. Es kann passieren, daß die Strohmänner durch Überziehen des Preises auf ihrem Höchstgebot sitzenbleiben, weil der Käufer eine Obergrenze aus Prinzip nicht überschreitet. Ein Geschäft ist dann möglicherweise für immer verdorben. Es gibt reiche Pferdekäufer, die genau wissen, daß ein Handel auf sie zugeschnitten worden ist. Das schmeichelt ihnen bisweilen sogar. Sie agieren erst, wenn sie sicher sind, daß ihr Kauf das allgemeine Interesse erregt. Hohe Abschlüsse werden immer von Applaus begleitet, der für den Auftritt am Ring von nicht geringer Bedeutung ist. Dieser eher seltene Typus läßt nicht locker, bis er das arme Tier in seinen Besitz gebracht hat.

Dieses Beharren anzustacheln, beherrschen in der Händlerszene nur ganz wenige. Mitunter erstreckt sich eine subtil eingefädelte Händlercamouflage über einen ganzen Abend. Das Legen der Fährte beginnt, noch ehe das begehrte Objekt den Ring betritt. Ein besonders trickreich eingefädeltes Geschäft fand einmal sogar vor einem großen Publikum während einer Rennveranstaltung statt. Im Sieginterview nach einem Vorbereitungsrennen auf das Derby, das zu gewinnen der Traum eines jeden Pferdebesitzers ist, tat der Trainer kund, daß das soeben siegreiche Pferd berechtigte Aussichten auf den Derby-Sieg habe. Der Interviewer fing den Ball auf und wies nun ausdrücklich darauf hin, daß sich das Pferd ja im Besitz des Trainers befinde. Da dies nicht allzu oft vorkommt, fragte der Interviewer nach der Bewandtnis des Besitzes. »Bei mir ist jedes Pferd zu kaufen«, offenbarte der erfolgreiche Trainer seine Verkaufsabsicht. Das öffentliche Werbegespräch, das der Interviewer nicht ohne Gegenleistung geführt haben dürfte, war schließlich erfolgreich. Einige Tage später wechselte das stolze Tier für 250 000 Mark, wie es hieß, den Besitzer. Im Derby kam es verletzungsbedingt nicht an den Start. Aus dem Umfeld des Trainers war zu erfahren, daß es zuvor sehr behutsam und ganz gezielt für jenes Rennen mit dem anschließenden Interview trainiert worden war.

Sehr viel mehr, als es der Tausch Geld gegen Tier vermuten läßt, steht beim Pferdekauf die soziale Stellung der Geschäftspartner auf dem Spiel. Dem Verkäufer kann es widerfahren, daß das Pferd erst in neuer Obhut zu seiner wahren Leistungsfähigkeit findet. Zu früh verkauft zu haben, kann den Spott Dritter einbringen. Der Käufer muß seinerseits danach trachten, nicht bloß Geld in die Waagschale zu werfen. Hat er mit dem Kauf eines teuren Pferdes Eingang in gewisse Kreise gefunden, so wird ihm Anerkennung erst gewährt, wenn er ein Minimum an Sachverstand nachweisen kann. Der Jährlingskauf bietet die Gelegenheit, den noch unsicheren Pferdeverstand zu dokumentieren. Das eindringliche Studium der genealogischen Referenzen – der graphisch darstellbare Stammbaum wird Pedigree genannt – ist hier ebenso von Bedeutung wie Exterieurkenntnis.

Ein gerissener Pferdeverkäufer baute anläßlich einer Jährlingsauktion jedoch darauf, daß über letztere nur wenige verfügen. Zur öffentlichen Vorbesichtigung vertauschte er ein äußerlich prachtvoll aussehendes Pferd mit durchschnittlichen Referenzen gegen das mit einem Bockhuf, einem schweren körperlichen Mangel, behaftete Pferd mit hochgeschätztem Pedigree. In den Auktionsring kamen schließlich die mit ihren Papieren identischen Tiere. Eine Auktion findet in festlicher Atmosphäre statt. Man sitzt bei Champagner und schaut von unten zu den von Scheinwerfern angestrahlten Pferden herauf. So wurde die kleine Verwechslung zur Vorbesichtigung von niemandem bemerkt. Das junge Pferd mit den allseits beachteten Papieren erzielte einen Höchstpreis, belästigte später in seiner kurzen Rennlaufbahn aber nie einen Zielrichter. Das äußerlich gut aussehende Pferd mit mäßigen Papieren blieb im Besitz des Händlers und gewann noch viele Rennen.

In der Rennbahnszene kursieren ständig Gerüchte und Informationen über das Geld der anderen. Eine gut aussehende Frau in den Vierzigern, heißt es, hatte kürzlich Pech. Nachdem sie ihre langjährige Partnerschaft mit einem gut zwanzig Jahre älteren Rennstallbesitzer gelöst hatte, habe dieser unverhofft eine größere Erbschaft erhalten. Manch einer versteht sich aufs »Ableuchten«. Das Auge ist dabei ausschließlich darauf gerichtet, herauszubekommen, wer Geld hat oder bald zu welchem kommen könnte. Ist die Diagnose gestellt, kommt es darauf an, Freundschaften zu knüpfen. Die große Zahl beflügelt die Einbildungskraft. Immer wieder tauchen auf der Rennbahn Neulinge auf, die zu einem oder zwei Pferden überredet worden sind. Die Nachricht über neue Besitzer, die möglicherweise reich sind, verbreitet sich wie ein Lauffeuer. Immer wieder kommt es vor, daß sich Besitzer, durch Anfangserfolge ihrer Pferde angeheizt, an ihrem neuen Hobby verheben.

Hoffnungsvolle Pferde verlieren schnell an Wert, und es gibt vielfältige Begründungen, warum die versprochenen leichten Siege ausbleiben. In den niederen Regionen des Markts, dort, wo sich die Käufer den Luxus des eigenen Pferds eigentlich nicht leisten können, wird ein Handel gern mit der Vereinbarung abgeschlossen, die Hälfte (des meist überhöhten Preises) sofort und die Restsumme aus den zu erwartenden Gewinnen zu bezahlen. Das soll die Gewißheit verstärken, ein leistungsfähiges Pferd erworben zu haben, denn der Verkäufer hat ja nur etwas davon, wenn das Pferd auch weiterhin Rennpreise erzielt.

Das Geld der anderen zieht bisweilen den Spott derjenigen an, die es nicht haben. Wo Geld zur Hebung der sozialen Position eingesetzt wird, lautet der Verdacht, mangelt es an Talenten. Im Trabrennsport, von dem bisher überwiegend die Rede war, ist es selbst unsportlichen Zeitgenossen mittels eines tüchtigen Pferdes möglich, siegreich die Zügel in die Hand zu nehmen. Ist der Ehrgeiz erst einmal entfacht, dann lassen die Immobilienmakler, Hoteliers und Erben nicht mehr locker und trachten durch den Zukauf weiterer Pferdestärken nach Championatsehren. Ein Millionenerbe vergab mit einem überlegenen Pferd einmal den Sieg, weil er ihm eine Runde vor Schluß schon alles abverlangte. Im Eifer des Gefechts hatte er sich verzählt.

Über das Geld der anderen wird auf der Rennbahn ganz konkret gesprochen. Jeder Besitzwechsel eines Pferdes wird im »Rennkalender« publiziert, und die Vermögensverhältnisse der Beteiligten gelten in der Regel als bekannt. Oft brüsten sich Rennstallbesitzer mit ihren Reichtümern, und die Kaufsummen von Pferden bleiben selten ein Geheimnis. Ebenso offen wird über Pleiten gesprochen. Auf der Rennbahn folgt dem geschäftlichen Zusammenbruch allerdings nicht zwangsläufig der Gesichtsverlust. Eher ist das Gegenteil der Fall. Eine schöne Pleite, bei der das Privatvermögen in Sicherheit gebracht werden konnte, steigert das Ansehen und verleiht den Ruf der Gerissenheit. So sehr in diesen Kreisen mit offenen Karten gespielt wird, so merkwürdig verschlossen bleibt der Umgang mit Geld beim Wetten. Um das Geld der anderen zu gewinnen, bringt man seines zum Totalisator, der anonymen Wettmaschine, die die Einsätze gleichmacht. Die meisten Wetter spielen still für sich und verbergen ihre Tips selbst vor Freunden. Erst im Fall des Gewinns zeigen sie triumphierend ihre Scheine her.

***

Zu sehr auf das Geld der anderen zu gehen gilt seit jeher als verwerflich. Ihm scheinen Kräfte innezuwohnen, derer man nicht Herr wird. »Sammelt euch nicht Schätze auf Erden, wo Motten und Rost sie verzehren und wo Diebe einbrechen und stehlen«, heißt es im Evangelium nach Matthäus (6, 19). Aber es drohen nicht nur Verbrechen und natürlicher Zerfall. Mit dem Geld kommt soziale Dynamik ins Spiel. »Niemand kann zwei Herren dienen, denn entweder wird er den einen hassen und den anderen lieben; oder er wird sich dem einen zuneigen und den anderen verachten. Ihr könnt nicht Gott dienen und dem Mammon.« Der Dienst am Mammon ist in der christlichen Tradition Götzendienst, das Geld magisches Objekt. Dem tragen – bewußt oder nicht – auch alternative Tauschringe in Städten wie Berlin Rechnung, wo unter Umgehung von Geld Dienstleistung gegen Dienstleistung getauscht wird. Talente oder Knochen heißt die Währungseinheit, die in lokalen Zirkeln Gültigkeit besitzt.

Der Name Knochen verweist auf den Reliquienkult. Der Wunsch nach einer Reliquie beschreibt eine anthropologisch tief verankerte Erfahrung. Indem ein Gläubiger den Schädel eines Vorfahren aufhebt, schenkt er ihm ewige Existenz und erhofft zugleich dessen Unsterblichkeit auch für sich. Das *mana* des Toten soll auf ihn übergehen. In seinem Buch *Sammeln – eine unbändige Leidenschaft* schreibt der Psychoanalytiker Werner Muensterberger über die Kopfjagden bei den Baree-Toradja von Zentral-Sulawesi: »Mit den Kopfjagden wurden verschiedene Zwecke verfolgt. Einer der wichtigsten gehörte zu den Initiationsriten der pubertierenden Knaben, deren Höhepunkt aus einer Beschneidungszeremonie bestand, in deren Verlauf der Junge während der Operation auf einem Totenschädel saß. Die Prozedur ist besonders anschaulich, weil sie den Novizen im Wortsinne zum *Besitzer* des machtgesättigten Schädels machte. Erinnern wir uns, daß das englische *to possess* vom lateinischen *potis* (mächtig) und *sedere* (sitzen) herrührt; der deutsche Begriff *besitzen* bezeichnet denselben Zusammenhang. Ich glaube, daß keine andere Vorstellung deutlicher ausdrückt, was besitzen heißt, vom Raubzug bis zur rituellen Inbesitznahme der Seelensubstanz oder Lebenskraft des hingeschlachteten Opfers. Es ist der schiere Akt der Aneignung und des Triumphes.« Der eigene Besitz ist der Aneignung der magischen Kräfte des anderen entsprungen. Um ihn nicht zu gefährden, betrachten wir das Geld der anderen zugleich begehrlich und aus der Distanz, wie groß der Abstand vorm Bankschalter auch sein mag.

# Der Tod der alten Dame

Unser um Herzlichkeit bemühter Gruß im Hausflur schien sie immer ein wenig zu erschrecken. Vielleicht hörte sie schlecht und bemerkte gar nicht, daß ein Hausbewohner sie auf der Treppe überholte. Klein und zart mochte sie seit jeher gewesen sein, nun wirkte sie zerbrechlich, ja abgemagert. Man mußte immer Angst haben, sie im Vorbeigehen umzustoßen. Um Hilfe im Haushalt bat sie nicht, sie lehnte sie kategorisch ab. Kohlen, die sie tütenweise kaufte, oder die Einkaufstasche ließ sie sich vor der Wohnungstür absetzen. Sie holte sie erst herein, wenn niemand mehr im Treppenhaus war. Fast widerwillig nahm sie irgendwann die Telefonnummer an, für Notfälle. »Rufen Sie an, wenn Sie Hilfe brauchen«, hatten wir gesagt. »Auch nachts.« Wir wußten, sie würde davon keinen Gebrauch machen. Irgendwann im Frühjahr wäre es Zeit für ein Notsignal gewesen. Es war schon zu spät, wahrscheinlich war es ein paar Jahre zu spät.

Zwei Frauen der benachbarten Kirchengemeinde hatten sie vermißt. Drei Tage schon sei sie nicht zur Messe erschienen, da könne etwas nicht stimmen. Im Haus hatte sie zu niemandem Kontakt, auch die Gemeindefrauen waren nie in ihrer Wohnung gewesen. Sie wußten kaum Persönliches von ihr, selbst den Pfarrer ließ sie nicht zu sich herein, wenn er ihr zum Geburtstag gratulieren wollte. Sie nahm das Geschenk an, sie war nicht undankbar, aber in die Wohnung ließ die gläubige Frau den Mann Gottes nicht vor. Die Feuerwehr verschaffte sich über den Balkon Zutritt und fand sie auf dem Küchenfußboden. Dergleichen hat man schon oft gehört: Alte Frau acht Wochen tot in Wohnung oder so ähnlich.

Lieselotte K. lag dort nur ein paar Tage, in ihrem geheimen Reich, zu dem sie niemandem Zutritt gewährte. Vielleicht war es das Schamgefühl einer einst vornehmen, gepflegten, aber zurückhaltenden Frau, das sie alle freundschaftlichen und nachbarschaftlichen Angebote zurückweisen ließ. Gab es Anzeichen einer fortgeschrittenen Verwahrlosung zu verbergen? Oder hatte sie schlicht Angst? Sie war dürr, gewiß, aber bekam sie nicht Essen ins Haus gebracht? Im Winter beheizte sie die Kachelofen-Wohnung nur dürftig. Ein Zimmer mache sie sich schön mollig, hatte sie einmal auf unser Angebot gesagt, ihr Kohlen heraufzubringen. Mit dem Aufschließen ihrer Tür wartete sie immer, bis wir in unsere Wohnung verschwunden waren. Nie hat sie unseren Augen nur einen Spalt weit Einblick gewährt. Ihr hartnäckig gehütetes Geheimnis bewahrte sie noch Wochen über ihren Tod hinaus.

Ein städtisches Armenbegräbnis konnte gerade noch abgewendet werden. Niemand wußte zunächst, daß sie eine Grabstätte neben ihrem in den siebziger Jahren verstorbenen Vater auf dem Friedhof an der Stubenrauchstraße hatte, wo ihr Name seit langem eingraviert war. Ein Beamter des Postversorgungswerks hatte herausgefunden, daß Frau K.s Vater Postbeamter gewesen war. Die Gemeinde richtete schließlich eine kleine Beerdigungsfeier aus, nicht weit vom Grab der Marlene Dietrich entfernt. Auch an diesem Tag brachten Unbekannte Blumen an Marlenes Grab. Zwei Nachbarn und ein paar Gemeindemitglieder waren zur Beerdigung von Lieselotte K. mitgegangen. Später fiel auf, daß ihre Wohnung einige Monate nach ihrem Tod noch immer nicht vermietet war. Ärgerlich, bei der Wohnungsnot, war die Meinung der meisten Mieter im Haus.

Eine Abflußverstopfung und deren Beseitigung verschaffte uns schließlich Einblick in das Geheimnis von Frau K. Um den Schaden unserer Badüberschwemmung gering zu halten, waren wir gezwungen, uns Zugang zu verschaffen. Mit brennender Neugier und der beschämenden Gewißheit, einen letzten, nicht wiedergutzumachenden Vertrauensbruch zu begehen, öffneten wir die Tür. Was hätten wir tun sollen, sagten wir entschuldigend zu uns, wir mußten ja hinein. Die Wohnung war geschnitten wie die unsrige, aber uns kam sie vor wie ein Ort aus einer anderen Zeit. Frau K. hatte es in den letzten Monaten nicht mehr geschafft, Ordnung zu halten. Zum Reinigen des Bades fehlte die Kraft. Zeitungen stapelten sich in der Küche auf dem Herd. Schokolade, abgepacktes Vollkornbrot, Instant-Kaffee-Packungen waren teils angebrochen, teils verschlossen. Zwar stand sie in Kontakt mit einer Sozialstation, aber auch deren Mitarbeitern verwehrte sie den Zutritt.

Zuletzt benutzte sie nur noch zwei Zimmer der geräumigen Wohnung. In einem der ungenutzten Räume stand ein Flügel, niemand im Haus kann sich erinnern, sie je spielen gehört zu haben. Ihr Bücherregal enthielt ein paar Klassiker von antiquarischem Wert, wohl noch aus dem Besitz des Vaters. Erst ein paar Monate vor ihrem Tod hatte sie sich einen Ausweis für eine Leihbücherei ausstellen lassen. Lehrerin sei sie gewesen, heißt es. Neben einem Fontane-Band lagen auch ein paar Heftromane. Wie bringt man einen kalten, langen Winterabend allein herum? In einer Luther-Bibel sind ein paar familiäre Daten verzeichnet. Heirat der Eltern, Geburtsdatum. Frau K. war keine achtzig, als sie starb. Auf einer großen Anrichte lag geöffnet eine Telefonabrechnung, eine einzige Einheit war gebührenpflichtig. Frau K. starb einsam, erbärmlich, menschenunwürdig. War sie gestürzt, starb sie an Herzversagen? Frau K. starb nicht arm. Ihr Vermögen, man muß es wohl so nennen, erbe eine einhundertjährige Tante, mit der sie in Briefkontakt stand, sagt man. Stundenlang oder keine Sekunde länger hätten wir hier stöbern mögen, auf der Suche nach einem Leben, das sich uns freiwillig nie so weit offenbart hatte wie in diesem Augenblick. Ein paar flüchtige, verschämte Blicke noch. Der Klempner war schon mit seiner Arbeit fertig. Wir schlossen die Tür wieder ab. Bald würde entrümpelt und renoviert werden für neue Mieter.

# KEIN GELD

»Nehmen Sie doch Platz«, bat Frau Weskemper, eine zweifellos attraktive Frau um die dreißig. »Ich hole in der Zwischenzeit schon einmal die Unterlagen.« In der Berufswelt, dachte ich ihr nachschauend, scheint sich das Kostüm der Coco Chanel weitgehend durchgesetzt zu haben. Als sie mit einem Aktenordner zurückkehrte, legte ich ihr wortlos ein von ihr unterzeichnetes Schreiben vor, der Grund meines Kommens. Frau Weskemper hatte darin gebeten, ich möge sie in der Filiale zu einem Gespräch aufsuchen. »Ja, Herr Nutt«, kam sie ohne Umschweife auf das Thema zu sprechen, »Ihr augenblicklicher Kontostand bereitet uns einige Sorgen.« Ich nickte zustimmend. Mir machte er schon seit geraumer Zeit Kummer. »Ihr Dispositionskredit ist um 2000 Mark überzogen«, sagte sie nüchtern, »doch entgegen unserer Aufforderung zur Unterlassung haben sie zweimal Gebrauch von Ihrer EC-Karte gemacht.« Das stimmte nicht. Noch vor Betreten meiner kontoführenden Bankfiliale hatte ich an einem Geldautomaten der Konkurrenz 400 Mark abgehoben. In den Unterlagen von Frau Weskemper würde das mit einer zusätzlichen Gebühr von 4 Mark erst in den nächsten Tagen auftauchen. Ich war sicher, mein Gespräch mit ihr würde zu einem positiven Ergebnis führen, so daß die dritte Abhebung später keine Rolle mehr spielte.

Von meinem Freund L., in Geldgeschäften aller Art versiert, stammte der Rat, immer einen forsch fordernden Umgang mit Bänkern zu pflegen. Das wichtigste sei zu reden. Er selbst hatte es stets so gehandhabt. Zu seinem persönlichen Sachbearbeiter pflegte er intensiven Kontakt. Er suchte die persönliche Beziehung, aus finanzstrategischen Gründen, wie er immer betonte. Er war bemüht, alle Einzahlungen und Überweisungen über seinen Sachbearbeiter abzuwickeln. Wenn es sein mußte, nahm er deswegen sogar Wartezeiten in Kauf. Kam er zufällig an der Bank vorbei, unterließ er es fast nie, bloß zum Gruße hereinzuschauen und wieder zu verschwinden. Auf diese Art und Weise hatte er schon manch brenzlige Lage gemeistert. Der persönliche Bankangestellte hat immer einen gewissen Spielraum, verriet L. augenzwinkernd.

»Deswegen komme ich ja zu Ihnen, Frau Weskemper.« Getreu L.s Ratschlag war der Zeitpunkt für die Offensive gekommen. »Ich benötige einen größeren Spielraum.« Frau Weskemper sah mich ausdruckslos an. Wenn sie weniger gut aussehen würde, wäre mir wohler gewesen. »Ich sehe ja ein, daß ich das Konto in letzter Zeit arg strapaziert habe, aber als Freiberufler sind meine Einkünfte nun einmal etwas schwankend, und die Zahlungsmoral der Verlage ...« Frau Weskemper hob an, mich zu unterbrechen. Geschichten wie die nun zu erwartende kannte sie offenbar zur Genüge. Ich mußte noch einiges draufpacken. »Ich benötige eine Erhöhung des Dispositionskredits um noch einmal 3000 Mark, das wären dann 10 000, eine runde Summe.«

Frau Weskemper lächelte. Meine Überraschungstaktik schien ihr nicht unsympathisch, aber eben auch nicht neu zu sein. »So einfach geht das nicht, Herr Nutt.« Sie wendete sich dem Computermonitor zu und rief mein Konto auf. Ich hatte das Gefühl, etwas Verbotenes zu tun, als ich versuchte, einen Blick auf den Bildschirm zu werfen. »Ihre Einkünfte sind unregelmäßig, da haben Sie recht.« Ihre Bestätigung meiner Aussage ließ nichts Gutes erwarten. »Wissen Sie auch, wie hoch die durchschnittlich sind?« Sie würde es mir genau sagen, um mir als nächstes meine Abgänge vom Konto vorzurechnen: Daueraufträge für Miete und Unterhaltszahlungen, Einzugsermächtigungen für Telefon und Bafög-Rückzahlungen, Krankenversicherung, Kreditdienste etc. Ich hasse Förmlichkeiten dieser Art. Bei solchen Rechenspielen mußte ich einfach schlecht abschneiden. »Wenn alles gut geht«, sagte ich, »schließe ich noch diesen Monat einen Vertrag über ein Buchprojekt ab. Der Vorschuß wird dann aller Voraussicht nach auch die augenblickliche Überziehung des Dispositionskredites – blödes Wort – wieder ausgleichen.«

Immer Lösungsvorschläge anbieten, lautete ein weiterer Vorschlag aus L.s Verhandlungskatalog. Frau Weskemper blickte freundlich, aber zunehmend skeptischer drein. Es war Zeit, ein paar grundsätzliche Dinge klarzustellen. »Ich will ja gar kein Geld von Ihnen, ich weiß doch selbst am besten, daß ein Dispositionskredit teures Geld ist. In einigen Wochen bin ich ja heraus aus dem Engpaß, und wir haben keine Probleme mehr miteinander. Verstehen Sie, was ich meine.« Jetzt war ich am Drücker, das spürte ich. Frau Weskemper fuhr mit dem Curser auf dem Bildschirm rauf und runter, blätterte die Akten hin und her und meinte sich immer noch schwer tun zu müssen, meinem Wunsch zu entsprechen. »Haben Sie denn schon einmal daran gedacht, Herr Nutt, sich Rücklagen zu schaffen?«

Die Geschichte kannte ich schon. Bei einer ähnlichen Gelegenheit hatte ich einen Sparvertrag abgeschlossen mit dem Ergebnis, daß ich das angesparte Geld meistens nach einigen Wochen unter Zahlung von Vorschußzinsen wieder abgehoben hatte. Ich traute mich nicht, Frau Weskemper von diesem Sparvertrag zu erzählen. »Ihr 1992 abgeschlossener Sparvertrag hat diesbezüglich ja nicht soviel gebracht.« Frau Weskemper hatte vermutlich ein paar Kurse in psychologischer Kundenbetreuung hinter sich. Anders war es nicht zu verstehen, daß sie versuchte, meine hilflos schnoddrige Art nachzuahmen. Sie lag wieder vorn. »Haben Sie schon einmal über eine Lebensversicherung nachgedacht?« Sie hatte mir ja eben erst meine diversen laufenden Kosten vorgehalten. Noch ehe ich ihr das entgegenhalten konnte, blätterte ich in einem Prospekt über Lebensversicherungen. »Das muß ich natürlich in aller Ruhe durchrechnen«, log ich. Mir eine Erhöhung des Dispositionskredits mit einer Lebensversicherung zu erkaufen war entschieden zu teuer. »Sie müssen verstehen«, setzte Frau Weskemper sportlich nach, »daß wir uns absichern müssen. Ich mache Ihnen folgenden Vorschlag...«

Jetzt half nur noch ein Foul oder ein Befreiungsschlag, aber wie und was? Ich hatte verloren. Es war Frau Weskemper gelungen, mir gegen eine Erhöhung des Dispositionskredites auf 9000 Mark eine Risikolebensversicherung zu verkaufen. Keine monatlichen Zahlungen, sondern lediglich eine jährliche Pauschale von etwa 120 Mark. Wenn ich den ganzen Deal richtig verstand, ging es darum, daß sich die Bank in Form einer Versicherung gegen meinen plötzlichen Tod absicherte. Für dieses Mal hatte ich begriffen, warum das Bankgewerbe so sehnlichst mit seiner Klientel reden möchte.

## Kleine Kasuistik des Hineintretens in Hundekot

Zunächst die Fakten: In Berlin leben rund 150 000 Hunde, die täglich etwa 40 000 Kilogramm Kot ausscheiden. Das ist eine Schätzung, aber, versichert der Berliner *Tagesspiegel*, sie stammt von Fachleuten. Ordentlich registriert sind in der deutschen Hauptstadt rund 95 000 Hunde, für die jeweils 180 Mark Steuer pro Jahr entrichtet werden, 15,9 Millionen Mark insgesamt. Die Dunkelziffer unbefugt Kot entladender Hunde wird also, das entspricht dem Wesen von Dunkelziffern, sehr hoch geschätzt. Diese Daten habe ich in verschiedenen Tageszeitungen lesen können. Dort erfährt man auch einiges über die diversen Möglichkeiten der Beschäftigung mit Hundekot auf städtischen Straßen und Grünflächen.

Wie ein Artikel aus dem *Tagesspiegel* zeigt, regt das Thema nicht zuletzt den Homo faber an. Einfallsreiche Erfinder haben aus der Beseitigungsarbeit eine vielversprechende Geschäftsidee entwickelt. »Das Gerät wird mit der linken Hand am oberen Trägerrohr und mit der rechten Hand an beiden Spannrahmen angefaßt. Das entriegelte Gerät wird soweit aufgeklappt, bis die Teile eine Gerade ergeben. Danach wird die Verriegelungshülse bis zum Anschlag in Richtung Spannrahmen geschoben. Beide Spannrahmen werden zusammengedrückt und eine Plastiktüte bis zur Hälfte übergezogen. Die Spannrahmen werden losgelassen, spreizen sich und halten die Tüte in der vorgesehenen Position fest. Der Spannrahmen wird über den zu entfernenden Hundekot geführt und der Hundekot vollständig im Innenbereich der aufgespannten Tüte eingeschlossen. Durch Betätigung des Handhebels wird der Hundekot in der Tüte vom Boden aufgenommen.« (*Tagesspiegel*, 7. 4. 96)

Das ist keine Gebrauchsanweisung für neuartige Präservative, sondern für den TASKO, den Taschen-Kot-

Stock, für den die Familien Reinhold und Wollenburg eigens eine Entwicklungsfirma gegründet haben. »Preise hat's ja genug gegeben für den Taschen-Kot-Stock. 1990 bekam Frau Reinhold auf der Konsumgütermesse ›Muba‹ in Basel schon eine Bronzemedaille für den Prototyp, Herr Wollenburg erhielt in diesem Jahr dort sogar Silber und den dritten Hans-Oetiker-Preis der Erfinderschau.« Tüftlers Ideenreichtum basiert auf einer juristisch eindeutigen Behandlung des Problems, das mehr oder weniger als öffentliches Ärgernis aufgefaßt wird. Der Hundehalter ist verpflichtet, die Ausscheidung seines Tieres zu beseitigen. Eine Zuwiderhandlung kann mit einem Bußgeld bis zu 200 Mark geahndet werden.

Sehr viel häufiger als technische Entdeckerlust erweckt der Hundekot allerdings allgemeine Empörung, wie ein Artikel in der *taz* vom 20. April 1996 belegt: »Pro Haufen ein Fähnchen: Der ›Tretminenparcours‹ vom Kindergarten in der Pradelstraße zum Pankower Rathaus war gestern bei der ersten ›Fäkal-Demo‹ durch über 100 Fähnchen mit der Aufschrift ›Hundekacke ist scheiße‹ markiert. Für den kurzen Weg eine ganze Menge. Kein Wunder allerdings, denn die Stadtreinigung kratzt täglich 40 Tonnen Hundekot von Berlins Straßen.« Die Demoteilnehmer waren Kinder, Erzieherinnen und Eltern vom Kindergarten der Luthergemeinde in Pankow, die mit dem demokratisch verbürgten Recht der Demonstration zum Ausdruck bringen wollten, daß es ihnen stinkt.

Die Kinderdemo ist ein beliebtes Mittel von Eltern, ihre Alltagsanliegen mit Nachdruck vorzutragen. Nichts scheint einfacher, als angesichts Kot entladender Hunde im Recht zu sein. Zur Argumentverstärkung wird den unschuldig betroffenen und unzureichend repräsentierten Kleinen eine politische Stimme verliehen. Kinder eignen sich als legitime Beschwerdeführer. Die Vertretung ihrer Interessen liegt bezüglich des Ärgernisses Hundekot im wahren Sinn des Wortes nahe. Kinder sind in jeder Hinsicht näher dran an der Scheiße. »Meine Tochter ist zwei, die weiß schon genau, was Hundekacke ist«, meinte eine Demoteilnehmerin laut *taz*. »Kinder in der Großstadt wachsen damit auf.« Diesbezüglich könnte der Mutter mitgeteilt werden, daß Kinder vom Lande etwa auf der gleichen Entwicklungsstufe stehen, aber das nur am Rande. Tritt der Erwachsene in Hundekot, ist er in der Regel peinlich berührt. Will es nicht gelingen, das Mißgeschick vor anderen zu verbergen, ist man bemüht, es lachend unter Pleiten, Pech und Pannen zu verbuchen. Obwohl es jeden treffen kann, schämt man sich dieser kleinen Niederlage des Alltags. Ungleich vehementer ist die Klage einer Erzieherin, die »reichlich genervt ist, weil sie nach jedem Spaziergang mit den Kindern mindestens einem von ihnen die stinkende Hinterlassenschaft der Vierbeiner aus dem Profil der Schuhsohle kratzen muß«. (*taz*, 20. 4. 96)

Herr Ru., Besitzer eines Cockerspaniels namens Kupfer, würde an dieser Stelle Zweifel anmelden, daß es sich beim Hineintreten in Hundekot um ein tägliches Vorkommnis handelt, nicht einmal bei spazierengehenden Kindergruppen. Die Polizeistatistik scheint seinen Verdacht zu bestätigen. Lediglich 26 Anzeigen habe es in Berlin 1995 gegeben, die die zuständige Behörde mit einem Bußgeld von jeweils 200 Mark ahndete. Aber auch Statistiker mögen auf Dunkelziffertheorien nicht verzichten. Nicht bekannt sei, wieviele Hundehalter nach polizeilichen Ermahnungen den Hundedreck wegräumten oder an Ort und Stelle ein Verwarnungsgeld von 40 Mark bezahlten. Polizeisprecher Hans-Eberhardt Schulz betonte, daß es ferner schwierig sei, einen Hundehalter auf frischer Tat zu ertappen. Die meisten Hunde würden abends ausgeführt, und werde mal einer erwischt, komme es zu unangenehmen Streitgesprächen, zu denen der Hund meist lauthals kläfft. Die Beamten, gesteht Schulz, drücken sich gern um das Problem herum. So schwierig es scheint, die Sache mit dem Hundekot in ihrer vollen Dimension zu erfassen, so eindeutig ist sie als schwelender sozialer Streitfall vorhanden. Immer wieder kann man im Fußgängerverkehr Zeuge heftiger Auseinandersetzungen werden, die mitunter in Prügeleien münden. Hundehalter und Hundehasser stehen sich als unversöhnliche Kombattanten gegenüber. Während dieser auf seinen Freiheitsrechten beharrt (»Mein Hund kackt, wohin er will«), empört sich jener über fehlenden Gemeinsinn (»Wenn das jeder Hundebesitzer zulassen würde«). Dritte lassen sich gern in die Ränke verwickeln und ergreifen mal die Partei des einen, mal die des anderen. Hundebesitzer Ru. wollte es noch genauer wissen, deshalb regte er eine kleine Kasuistik an, die unter der Leitfrage stehen sollte: Wie oft und zu welchen Gelegenheiten tritt unsereiner in Berlin in Hundekacke? Der Versuch erstreckte sich vom 1. März 1995 bis zum 29. Februar 1996. In diesem Zeitraum gab es sechs Vorfälle zu verzeichnen.

*14. März, Berlin-Friedenau, auf dem Rückweg vom Zeitungskauf*

Es ist Dienstagmorgen, ca. 8.30 Uhr. Weil weder Brot noch Toastbrot im Haus ist, gehe ich ohne einen Schluck Kaffee aus dem Haus, was ich recht ungern tue, um Brötchen zu holen. Bäcker und Zeitungskiosk liegen direkt nebeneinander. Ich kaufe also zunächst eine Zeitung (»Süddeutsche«). Die *taz*, die ich abonniert habe, werde ich erst auf dem Rückweg aus dem Briefkasten nehmen. Ich erwähne das hier, um anzuzeigen, daß sich meine morgendliche Aufmerksamkeit beinahe ausschließlich auf Druckerzeugnisse richtet. Während ich beim Bäcker darauf warte, an die Reihe zu kommen, überfliege ich die Schlagzeile des Tages, die in der »Süddeutschen« immer recht lang und meist in ganzen Sätzen formuliert ist. Beim Hinausgehen klemme ich die Tüte Brötchen in die rechte Hand, um die »Süddeutsche« so halten zu können, daß ich im Gehen mühelos das »Streiflicht« lesen kann.

Dabei ist es passiert. Mit dem Absatz trete ich hinein. Ich möchte hier ausdrücklich feststellen, daß das Gefühl weichen Gleitens in Hundekot für sich genommen überhaupt nicht unangenehm ist. Aber man weiß im selben Moment, was passiert ist, und kennt die Folgen. Ich ärgere mich fluchend über meine Unachtsamkeit und versuche nun, den lehmigen Kot beim Weitergehen mit langgezogenen Schritten abzustreifen. Die Bewegungen, die ich dabei verrichte, sind mit dem Groucho-Marx-Gang zu vergleichen. Das hinterläßt sichtbare Spuren. Wie angetrocknete Abdrücke auf den Gehwegen immer wieder zeigen, verhalten sich die meisten Menschen in einer solchen Situation ähnlich. Aber es gelingt selten, den Kot vollständig loszuwerden. Den Absatzrand wische ich erst zu Hause mit einer alten Zeitung sauber. Da ich glatte Lederschuhe angezogen habe, ist die Beseitigung in diesem Fall recht einfach.

*27. März, in Rom, Italien*
Diesmal trifft es nicht mich, sondern meine Freundin B. Ich nehme den Vorfall jedoch hier auf, weil ich für die Beseitigung zuständig war. Wir gingen von der Campo del Fiori zu Fuß zurück ins Hotel in der Nähe der Piazza Venezia. Das Hineintreten hatte B. zunächst nicht bemerkt, aber noch ehe sie die Zimmertür geschlossen hatte, verspürte sie einen intensiven Geruch in der Nase. Als sie es sagte, roch ich es auch und blickte sofort auf meine Schuhe. Zeitgleich versuchte B., von Ekel gepackt, ihre Schuhe auszuziehen, ohne mit dem Kot in Berührung zu kommen. Sie hatte die flachen Sandalen erst zwei Tage zuvor bei Fausto Santini in einer Seitenstraße der Via del Corso für rund 280 Mark gekauft, das ärgerte sie besonders. B. kann Hunde nicht ausstehen und noch weniger deren Kot. Darum wissend, reagierte ich rasch, indem ich ihren Schuh energisch an mich nahm und ihn zum Waschbecken ins Bad trug. Dort wischte ich den äußerst übelriechenden Kot mit befeuchtetem Toilettenpapier

ab, das ich danach im Klo herunterspülte. Obwohl ich weniger empfindlich bin, ekelte mich der Geruch so sehr, daß ich mehrmals aufstoßen mußte.

*28. Juni, am Fahrradmantel*

Der genaue Zeitpunkt und Ort, an dem ich durch einen Kothaufen gefahren bin, ist nicht zu bestimmen. Mit dem Fahrrad läßt sich einem Haufen schon bei mittlerem Tempo nicht mehr ausweichen. Ich nehme den Fall deshalb hier auf, weil ich es erst bemerkte, nachdem ich das Rad in meine Wohnung hinaufgetragen hatte. Diese vielleicht unsinnig erscheinende Maßnahme erachte ich als nötig, seitdem man mir aus dem Hinterhof zwar nicht das angekettete Fahrrad, aber über Nacht das Hinterrad geklaut hat. Beim Hineinschieben in den Wohnungsflur hinterließ der Restkot einen Abdruck im Flurteppich, den diesmal B. mit Wasser und etwas Seife beseitigte. Es scheint mir wichtig festzuhalten, daß noch ärger als die Beseitigung die Vorstellung ist, den Vorfall längere Zeit nicht bemerkt zu haben.

*19. Oktober, Berlin-Friedenau, wieder nach einem Zeitungskauf*

Ein ähnlicher Vorfall wie am 14. März, nur daß ich diesmal, an einem Donnerstag, die *Zeit*, *Die Woche* und die *Wochenpost* gekauft habe. Besonders ärgerlich war, daß ich blaue Velourslederschuhe trug. Diesmal bin ich nicht mit dem Absatz hineingetreten, sondern mit der »Picke«, wie es im Fußballjargon heißt. Obwohl ich nicht in den Zeitungen gelesen habe, konnte ich nicht ausweichen, weil sich der Kothaufen kaum sichtbar in einer der quadratischen Baumwurzelaussparungen des Gehwegs befand. (Ich habe diese Baumquadrate über einen längeren Zeitraum im Auge behalten. Fast immer finden sich darin gleich mehrere Kothaufen. Ich schließe daraus, daß die häufig behauptete Rücksichtslosigkeit der Hundehalter, »die Köter überall hinscheißen zu lassen«, so nicht stimmt. Auch wenn sie weiterhin gegen die gesetzliche Vorschrift verstoßen, sind sie doch sichtlich um Begrenzung bemüht. Das Baumquadrat fassen sie scheinbar als eine Art kleineres Übel auf. Das ist natürlich naiv, zeigt aber doch, daß sie deutlich unter dem Eindruck der öffentlichen Kontrolle stehen.) Der Fleck auf meinen Velourslederschuhen war trotz mehrfacher Reinigungsversuche nicht zu beseitigen. Sie waren mehr oder weniger verdorben. Ich habe sie später mit schwarzer Schuhcreme geputzt und intensiv gebürstet, so daß aus dem Velours ein mattes Leder wurde. Ich habe das Paar nur noch wenige Male getragen.

*28. November, beim Winterspaziergang über eine Wiese im ostwestfälischen Delbrück*
Ich trug festes Schuhwerk mit Profilsohle, so daß ich diesmal mit einem Holzstück zu Werke gehen mußte. Weil es draußen auf einer saftigen Wiese war, kamen Ekelgefühle nicht auf. Es handelte sich auch gar nicht um Hundekot, sondern um einen Kuhfladen. Es erinnerte mich an meine Kindheit, in der ich viel Zeit in Wäldern und auf Wiesen verbracht habe.

*12. Januar, Berlin-Friedenau, beim Einkaufen mit Gipsbein*
Einige Tage vor Weihnachten bin ich in einem Buchladen auf einer Treppe gestürzt, wobei ich mir eine »Quadrizepssehnenruptur«, einen Riß der Patella-Sehne, zugezogen habe. Sechs Wochen lang mußte ich einen Gips tragen, der vom Oberschenkel bis zum Knöchel reichte. Zur Fortbewegung benötigte ich Unterarmgehhilfen, wie Krücken heute politisch korrekt genannt werden. Das Laufen mit Gehhilfen ist zunächst gewöhnungsbedürftig. In den ersten Tagen begleitete mich ständig die Angst zu stürzen. In diesem Fall mußte ich einem heranstürmenden Hund ausweichen, so daß ich mit der Krücke in einen Hundehaufen hineintappte, der in einem Baum-

quadrat lag. Zu Hause mußte ich den Gummiknauf ablösen und abwaschen. Merkwürdigerweise beschäftigte mich dabei die Phantasie, wie es wohl gewesen wäre, wenn ich den Gips mit Kot beschmiert hätte.

Soweit die Fälle eines Jahres, die ich geneigt bin, als statistisches Mittel anzunehmen. Geht man davon aus, daß ein Vorfall auf äußerste Unachtsamkeit – die Marotte, auf der Straße gehend Zeitung zu lesen – zurückzuführen ist, also vermeidbar gewesen wäre, dann ist die Zahl von sechs Vorfällen nicht derart hoch, daß sie die zuvor beschriebene allgemeine Erregung erklären oder rechtfertigen kann. Die gereizten Reaktionen in immer wieder stattfindenden Auseinandersetzungen um Hundekacke verweisen auf die psychologische Bedeutung der Frage. Freud hat erkannt, daß die Ausscheidung des Kots nicht allein ein menschliches Grundbedürfnis zum Zweck des Stoffwechsels ist, sondern schon vom Säugling zugleich lustvoll empfunden wird. Der Darminhalt wird vom Kind als Reizkörper verwendet. Diese Phase hat Freud als Analerotik beschrieben. In der weiteren Entwicklung des Kindes büßt die Analzone ihre erogene Bedeutung zwar immer mehr ein, verliert sie aber nicht ganz. Am Ende von *Charakter und Analerotik* kommt Freud zu dem allgemeinen Ergebnis: »Die bleibenden Charakterzüge sind entweder unveränderte Fortsetzungen der ursprünglichen Triebe, Sublimierungen derselben oder Reaktionsbildungen gegen dieselben.« Die kindliche Wertschätzung des Kots wird im Bewußtsein des Erwachsenen in ihr Gegenteil verkehrt, lebt im Unbewußten aber unverändert fort. Freud kam in diesem Zusammenhang auf die bekannte Gleichung Kot = Geld. Er sieht in der allgemeinen Wertschätzung des Geldes eine Sublimation des kindlichen Interesses an seinem Kot.

Die Auseinandersetzungen um Hundekot, die in Form von spontanen Streitereien, handgreiflichen Raufereien und ausgearbeiteten Artikelserien bis hin zu organisierten Kinderdemonstrationen vorkommen, sind als heftige Abwehrreaktion zu interpretieren. Der Hundekot repräsentiert das Allerwertloseste. Bemerkenswert ist, daß man ihm scheinbar nicht einfach ausweichen kann. Vielmehr lauert er überall als Bedrohung. Der erregte Betroffene scheint die Ausscheidung des Hundes als gefährliches Angriffsmittel zu betrachten. Man tritt nicht unschuldig hinein, sondern wird von ihr verfolgt. Dem Psychoanalytiker Abraham zufolge können die Funktionen und Produkte des Darms und der Blase unbewußt als Träger feindseliger Regungen erlebt werden. Während der kindliche Kot im Austausch zwischen Mutter und Kind als Zahlungsmittel (»guter Kot«) anerkannt ist, scheint der Hundekot hier die Rolle eines aggressiven, »bösen« Kots zu übernehmen. Die kindliche Idealisierung des Kots als erstes Erzeugnis und Geschenk verwandelt sich in ihr Gegenteil. Die Wiedergutmachung gegenüber der Mutter mißlingt und der »böse Kot« symbolisiert, so gesehen, eine Schuld- oder Strafphantasie. Wo wir, anstatt dem Hundekot auf der Straße einfach auszuweichen, uns zu Äußerungen gesteigerter Aversion hinreißen lassen, beschäftigen wir uns möglicherweise zuvorderst mit diesen.

Die Archivbilder zeigen einen Mann, dessen korpulente Figur durch einen Zweireiher aus glattem Stoff ein wenig kaschiert wird. Einmal geht die Kamera in die Halbtotale, und man sieht den starken Faltenwurf seiner Hose, die gut einen Zentimeter zu lang ist und hinten am Schuhabsatz auf den Boden stößt. Vielleicht hat er erst kürzlich ein paar Pfund abgenommen, so daß die Hose nun am Bund ein wenig rutscht. Einer wie er, so ist zu vermuten, verabscheut Hosenträger. Dafür trägt er ein Toupet, was die Medien nicht müde werden mitzuteilen. Eine bemerkenswerte Szene ist in einem Fernsehbericht festgehalten: Während eines Empfangs wischt ihm seine Ehefrau kurz vor einer Ansprache ein paar Flusen von der Schulter.

Dr. Jürgen Schneider, der als Bankrotteur des Immobiliengewerbes eine nationale Berühmtheit wurde, scheint Wert auf Äußerliches zu legen. Seine Wohnung, das zeigt ein anderer Fernsehbericht, ist vollgestopft mit allerhand kostbarem Nippes. Als das Ehepaar festgenommen wird, sehen beide erschöpft aus, müde wie Touristen nach einem mehrstündigen Charterflug. Wie alle Reisenden fühlen sie sich ein bißchen schmutzig. Schneider ist sonnengebräunt, einschließlich der jetzt toupetfreien hohen Stirn. Er hat sich einen kleinen Oberlippenbart wachsen lassen, der ihn wie einen der vielen Rentner aussehen läßt, die in Florida ihren Lebensabend verbringen.

Nicholas Leeson, der die traditionsreiche britische Barings-Bank mit nichtautorisierten Future-Kontrakten von Singapur aus in den Ruin getrieben hat, trägt Shorts, als er am 2. März 1995 auf dem Frankfurter Flughafen festgenommen wird. Seine Frau hat ihn darauf hingewiesen, daß es in Frankfurt kalt sein wird, doch den Wechsel in eine andere Klimazone hat er trotzig ignoriert. Weil er friert, gestattet man ihm, sich umzuziehen, so daß er auf den Fotos, die ihn unmittelbar nach der Festnahme zeigen, in Jeans, weißem Oberhemd und englischen Schuhen zu sehen ist. Leeson gilt als Prototyp des Yuppies, dem man gemeinhin Ehrgeiz, Konkurrenz- und Leistungsorientierung sowie eine gehörige Portion Vergnügungssucht und Selbstgefälligkeit zuschreibt. Dem Yuppie sagte man ferner kultivierten Lebensstil nach und einen beachtlichen Sinn für Mode. Der in einem Londoner Arbeiterviertel aufgewachsene Leeson hatte erst mit achtzehn als kleiner Angestellter in einer Bank angefangen. In seinen Aufzeichnungen (*Das Milliardenspiel*, 1996) schildert er einige Rauf- und Saufgeschichten aus seiner Jugendzeit. In seiner Gang trieb man gern obszöne Späße. Das Börsianerleben, das er in der Löwenstadt, wie Singapur im Sanskrit heißt, kennengelernt hat, beschreibt er mit eigenen Worten so: »(...) später war ich wieder in unserer Maklerkabine und verfolgte, was sich am Markt tat. Nach einer Weile hatte ich genug und ging hinauf in die Händlerlounge. In den Sesseln lümmelten Händler, die ein Nickerchen machten, furzten, rülpsten und ihren Kater vom Vortag pflegten. Auf den Toiletten stank es immer nach Erbrochenem, die Abflüsse waren ständig verstopft, und auf den Klobrillen prangten Fußabdrücke. Niemand setzte sich hier hin, um sein Geschäft zu verrichten, alle stellten sich auf die Klobrillen.« Um bei der hektischen Verrichtung ihrer Markttätigkeit besser erkannt zu werden, tragen die Händler bunte Jacken. Die von Leeson ist schwarz und gelb gestreift. Er sieht darin wie ein Fleischergeselle aus. Meistens jedoch verkehren Börsianer in Hemdsärmeln miteinander. »In Singapur trägt niemand ein Jackett. Wenn man Singapur wieder verließ«, schreibt Leeson, »hatte man sechs jungfräuliche Anzugjacketts und sechs abgetragene Anzughosen in seinem Kleiderschrank hängen.«

»Wer sind diese Leute«, fragt der Berliner Soziologe Heinz Bude (*FAZ* vom 30. 12. 95), »die von mobilen Arbeitsplätzen aus die Kapital-, Waren- und Informationsströme innerhalb des Dreiecks Nordamerika – Westeuropa – Ostasien regulieren?« Bude beschreibt sie als globale Spieler, die als neue Elite innerhalb des Wirtschaftssystems einen beachtlichen Machtzuwachs erlangt haben. »Die Mitglieder dieser neuen Klasse der globalen Spieler, zu denen sich übrigens noch der akademische Jet-set und eine gewisse Gruppe von Spitzensportlern, Medienspezialisten und Unterhaltungskünstlern gesellen, halten sich vornehmlich an den von Marc Augé so genannten Nicht-Orten des globalen Kommunikationssystems auf: Flugzeuge, Hotelketten, VIP-Bereiche, Duty-free-Supermärkte und Hochgeschwindigkeitszüge. Der Ethnologe spricht von Transiträumen, wo der mit weiten Strecken, automatischen Verteilern und Kreditkarten Vertraute den Gesten des stummen Verkehrs folgt.« Es gebe eine eigentümliche Gemeinsamkeit zwischen dem Devisenhändler und dem Flüchtling. »Strukturell unterscheidet sich eine World-Traveller-Suite mit Minibar, Pay-TV und illustriertem Manager-Magazin nicht von einem Flüchtlingslager, das nach den Maßstäben der Vereinten Nationen eingerichtet ist. Es handelt sich in beiden Fällen um provisorische Aufenthaltsorte, die uns allein, aber den anderen gleich machen. Der eine ist nur luxuriös, und der andere furchtbar.«

***

»Bankrott« bedeutet den finanziellen Zusammenbruch und wurde im 16. Jahrhundert aus dem Italienischen von *banca rotta* entlehnt, das wörtlich »zerbrochener Tisch« heißt. Es bezeichnet die symbolische Zerschlagung des Tisches eines zahlungsunfähigen Geldwechslers. Daß den Geldwechslern der Tisch tatsächlich zerschlagen wurde, heißt es im Duden, ist nicht bezeugt. Die Metapher soll möglicherweise an die Handgreiflichkeit des Jesus von Nazareth erinnern, der die Wechsler vom Vorplatz des Tempels, dem zentralen Handels- und Kommunikationsort, vertrieb. Über Jahrhunderte galt der Geldhandel als verwerflich, ehe christliche Lombardbanken zu Beginn der Renaissance geduldet wurden, weil der verschuldete Klerus ihrer Unterstützung dringend bedurfte. Das Wort »Pleite« wurde im Rotwelsch gebräuchlich und bezeichnete Zahlungsunfähigkeit, Reinfall und Bankrott. Es geht zurück auf das hebräische *peleta* (jiddisch: *pleto*), das mit Flucht und Entrinnen zu übersetzen ist. »Die Bedeutungsentwicklung zu ›Bankrott‹«, heißt es im etymologischen Duden, »geht wohl davon aus, daß sich der zahlungsunfähige Schuldner vor seinen Gläubigern nur durch Flucht retten konnte.« Tatsächlich folgt auf die großen mißglückten Spekulationen in der Finanzwelt, wie zahlreiche Beispiele zeigen, noch immer die Flucht. Darin ist gewiß ein versuchter Entzug vor einer Strafverfolgung zu sehen. Wird man des Bankrotteurs habhaft, zwingt man ihn, einen Offenbarungseid – der korrekte Terminus heißt heute »eidesstattliche Versicherung« – zu leisten.

Das Wort Offenbarung mit seiner Konnotation der Apokalypse beschreibt die Sache recht eindrucksvoll. Der angerichtete Schaden ist unermeßlich. Die Folgen einer fehlgeschlagenen Großspekulation sind in jeglicher Hinsicht unentschuldbar. Flucht ist in den meisten Fällen jedoch nur ein vorübergehender Entzug. Um unerkannt zu bleiben, tarnt sich das Ehepaar Schneider mit dem Habitus des Touristen, der das Fremdsein signalisiert und eine gewisse Tapsigkeit als Erkennungszeichen vor sich her trägt. Statt eines zackigen Auftretens sind seine Bewegungen von provokanter Langsamkeit. Die Kleidung des Geschäftsmannes setzt Statusunterschiede, die des Touristen vor allem Zweckferne. Die Flucht des Pleitiers ist nicht allein ein Entzug vor der Strafe, sondern entspricht in der Regel dem emotionalen Bedürfnis, in den Boden zu versinken. Die Pleite berührt den Aspekt der Scham. »Drei Ängste sind es«, schreibt der Soziologe Sighard Neckel, »die das Subjekt in der Scham beherrschen: seine Kohärenz als Akteur, seine Akzeptanz als Mitmensch, seine Integrität als Person verloren zu haben. Dies sind zugleich die Bedingungen, unter denen Interaktionen persönlich sicher erscheinen. Im Augenblick der Scham fällt der Schutz von einem ab, den der einzelne um sich herum aufbauen konnte. Er verliert an Distanz, weil Fremde in verborgene Zonen eindringen konnten. Er verliert an Würde, wenn Körper, Trieb oder Bedürftigkeit zur Besichtigung freistehen, (...) er verliert schließlich an Ehre, insofern sein prätendierter Status innerhalb einer Gruppe durch das tatsächliche Verhalten nicht mehr gedeckt ist und damit wechselseitig die Grundlage der Wertschätzung im Verhalten entfällt.«

Die Diskretion, die jedes Geldgeschäft begleitet, ist mit der Offenbarung des Bankrotts dahin. Der finanzielle Zusammenbruch zieht eine vollständige Entwertung der Person nach sich, auf die der Bankrotteur nicht selten mit Stummheit antwortet. »Ich hätte einfach alles zugeben und mit London sprechen können«, schreibt Nick Leeson, »aber ich habe mit niemanden gesprochen. Ich habe geschwiegen.«

***

Günther van de Lücht ist eine seemännische Erscheinung. Buschige Augenbrauen und ein grauer Vollbart betonen das ebenso wie seine Vorliebe für gemusterte Pullover und Strickwesten. Nach der Wende von 1989 wollte sich der ehemalige Wissenschaftsredakteur eines öffentlich-rechtlichen Senders einen unternehmerischen Traum erfüllen. Er kaufte sich einen fahrtüchtigen Frachter und ließ ihn zu einem Personenschiff umbauen. Van de Lücht beabsichtigte, das Schiff als eine Art schwimmendes Luxushotel auf den Flüssen und Gewässern der neuen Länder fahren zu lassen. Bald pendelte er zwischen Berlin und der Müritz. Als die Wasserstrecke nach Schwerin frei wurde, fuhr er regelmäßig zwischen Schwerin, Potsdam und Berlin. Der Bootsherr und sein Schiff waren für Ausflüge und lokale Kreuzfahrten aller Art zu buchen. So heuerte beispielsweise der Mitteldeutsche Rundfunk van de Lücht und seine Crew 1991 für eine Feier an. Die Geschäftsidee hatte sich in van de Lüchts Augen als bedingungslos tragfähig erwiesen, das Unternehmen war mittelfristig ausgebucht. Ein Motorschaden zerstörte schließlich alle Illusionen. Die Banken, über die van de Lücht bereits den Kauf und einen Teil der Umbaukosten finanziert hatte, verweigerten eine Kapitalaufstockung, obwohl die Behebung des Motorschadens nicht einmal 10 Prozent der Gesamtinvestition ausgemacht hätte. Nicht im Traum habe er mit solch einem Verhalten der Banken gerechnet. Der Konkursantrag erfolgte noch 1992, der Seemannstraum war ausgeträumt.

Inzwischen ist das Schiff zu van de Lüchts festem Wohnsitz geworden. Der Nachweis der Mittellosigkeit und das Nichtvorhandensein eines festen Wohnsitzes retteten das Schiff vor dem Zugriff der Gläubigerbanken. Im Mittelschiff empfängt er nun Journalisten, Fernsehteams und Fotografen, um ihnen von seinem Bankrott zu berichten. Günther van de Lücht hat bereits zahlreiche Fernsehauftritte hinter sich. In Talk-Shows spricht er über Konkurse, die Machenschaften der Banken und Risiken des persönlichen Unternehmers. Beratersendungen laden ihn als Experten für soziale Fragen ein. Er spricht ruhig und sachlich. Manchmal erhalten seine Sätze eine polemische Schärfe. Einen Einbruchsschaden auf dem Schiff hat er vom Sozialamt ersetzt bekommen. Van de Lücht empört sich darüber, daß die Folgekosten seines Bankrotts, den aus seiner Sicht die Banken verschuldet haben, nun teilweise den Steuerzahlern aufgebürdet werden.

Der insolvente Existenzgründer van de Lücht hat das

Scheitern seiner Unternehmensidee zum exemplarischen Fall erklärt. Darüber hinaus hat er den Verein »Ausweg e.V.« gegründet, in dem sich Leidensgenossen versammeln und solche, die es werden könnten. Mehr als 500 Mitglieder zählt der Verein bereits. »Ausweg e.V.« ist eine Art Selbsthilfegruppe für Unternehmer in Schwierigkeiten. Es werden Fallgeschichten ausgetauscht, in Not geratenen Unternehmern leistet man beratend Beistand. Der Vereinszweck von »Ausweg e.V.« ist Aufklärungsarbeit zu einem gesellschaftlich kaum bekannten Problem. Der Unternehmer erscheint hier im Zusammenhang mit einer neuen Armut. Selbstschuldnerische Geschäftsleute seien oft unzureichend abgesichert und werden im Konkursfall umgehend zum Sozialfall. Pressereportagen schildern den freien Fall von Unternehmern in die Obdachlosigkeit. »Ausweg e.V.« organisiert Pressetermine und betreibt eine Politik der Interessenvertretung. Günther van de Lücht ist außerdem Autor eines Buchs mit dem Titel *Jagd auf Existenzgründer.* Die Jagdmetapher und Vergleiche aus der Tierwelt finden sich mehrfach im Buch. Van de Lücht schreibt mit der Energie einer großen narzißtischen Kränkung. »Eine Bank«, heißt es an einer Stelle, »leiht Ihnen nur dann Geld, wenn Sie glaubhaft machen können, daß Sie es nicht brauchen. (...) Wie ein Rottweiler vor seinem Futternapf sitzen die Banken vor den Fördermitteln.«

Günther van de Lücht und sein Verein »Ausweg e.V.« haben das Schweigen des Pleitiers in ein beharrliches Sprechen verwandelt. Daß dies eine erfolgreiche Strategie zur Überwindung von Scham ist, lassen die zahlreichen Fernsehsendungen vermuten, in denen das soziale Elend ausgestellt wird und kein Tabu oder Makel unbesprochen bleibt. Der Verein der Pleitiers freilich steht für eine ganz andere Art des Schicksalmanagements. Seine Arbeit ist ja alles andere als das expressive Herzeigen von Hilflosigkeit. Der Verein beharrt weiter auf Unternehmerfähigkeiten wie Organisation, Einfallsreichtum, Kompetenz im Umgang mit Behörden und politischem Fingerspitzengefühl. So sehr der Verein auch aus einer Kohlhaasschen Kränkung entstanden sein mag, signalisiert er doch auch einen Wandel der nationalen Bankrottmentalität.

***

Kein Geld mehr zu haben ist kein signifikantes Merkmal für einen Bankrott. Um das Schicksal des Bankrotteurs zu erleiden, bedarf es der großen Unternehmung. Die Metapher vom zusammengebrochenen Tisch verrät die Wucht und Plötzlichkeit des Vorgangs. Gewiß hat es Anzeichen für eine Verschlechterung der wirtschaftlichen Lage gegeben, aber die sind vom Unternehmer verkannt oder falsch gedeutet worden. Die gewissenhafte kaufmännische Berechnung scheint seine Sache nicht gewesen zu sein. Dem Bankrotteur haftet eine Verwegenheit an, mit der er zuvor schon einmal große Erfolge erzielt hat. Das Kaufmännische liegt ihm weniger als der Spaß am Feilschen und der Sinn für den richtigen Augenblick. Einem aussichtsreichen Geschäft nicht nachgegangen zu sein, bereitet ihm Verstimmungen. Immer muß er handeln und es bereitet ihm Freude, wenn er ein paar Prozentpunkte herausgeholt hat, und sei es nur hinter dem Komma. Er will bewundert werden und stellt deshalb seine Extravaganz zur Schau. Gern umgibt er sich mit schönen Dingen, ohne einen ausgeprägten Stil oder Geschmack zu haben. Wichtiger ist es ihm, seine Vitalität und seinen Charme zum Ausdruck zu bringen. Von seiner erotischen Ausstrahlung ist er überzeugt. Die größte Anerkennung zollt man ihm jedoch, wenn man seine Verschlagenheit fürchtet. Er ist ein Machtmensch, aber weil er geliebt werden will, läßt er immer wieder Einblicke auf seinen weichen Kern unter der harten Schale zu.

Der reine Machthaber verschafft sich Distanz zu anderen, der verwegene Geschäftsmann bedarf ihrer körperlichen Nähe. Seiner Ausstrahlung kann er sich auch nach dem »washout« gewiß sein. Sein Mut und seine Gerissenheit finden nach wie vor Bewunderung. Dem Bankrotteur traut man ohne weiteres zu, seinen ökonomischen Spürsinn zu einem späteren Zeitpunkt noch einmal zur Geltung zu bringen. Man sieht darin eine narzißtische Spielernatur am Werke, die nach großen Verlusten weiter darauf drängt, daß die Karten neu gegeben werden.

Werner Sombart (*Der Bourgeois*, 1913) hebt das Zusammenwirken dreier markanter Typen bei der Entwicklung des Unternehmungsgeists hervor: den Eroberer, den Organisator und den Händler. Piraterie und Abenteurertum haben Sombart zufolge nachhaltig zur Genese des modernen Kapitalismus beigetragen. Die historisch früh auftretende Gier nach Gold und Geld habe allerdings keineswegs den kapitalistischen Unternehmungsgeist aus sich heraus geboren. Zunächst übte die zunehmende Gewinnsucht auf das Wirtschaftsleben überhaupt keinen Einfluß aus. Mit den Rechenkünsten der fahrenden Händler war es nicht so weit her. Mit der Buchhaltung, wenn es eine gab, nahm man es nicht so genau. Man ist noch weit entfernt vom Unternehmer als Schöpferfigur und noch weiter vom unternehmerischen Unternehmer (Schumpeter), der als Wirtschaftssubjekt die Funktion hat, nützliche Erfindungen und neue Kombinationen auf dem Markt durchzusetzen.

***

Die Tulpe kam Mitte des 16. Jahrhunderts nach Holland und war zunächst kaum mehr als ein Modetick in aristokratischen Kreisen. Ihr Nährboden war ein beachtliches Interesse an botanischen Fragen und ein systematisches Studium der Pflanzenkunde, so daß dic begehrte Blume bald in größerem Stil gezüchtet wurde. Binnen weniger Monate entwickelte sich ein rasender Handel mit Tulpenzwiebeln, der als die niederländische Tulpomanie berühmt geworden ist. Der Psychoanalytiker Werner

Muensterberger schildert in seinem Buch über das Sammeln (1995) den Fall des Landschaftsmalers Jan van Goyen, der zum Tulpenenthusiasten geworden war. Im Januar 1637 kaufte er dem Bürgermeister von Den Haag Zwiebeln im Gesamtwert von über 900 Gulden ab. Der Preis für einen Ochsen durchschnittlicher Größe betrug damals 120 Gulden. Van Goyen blieb den Rest seines Lebens hoch verschuldet. Innerhalb weniger Wochen war der Tulpenmarkt restlos zusammengebrochen. Es ist natürlich leicht, die Tulpomanie als ökonomischen Irrsinn abzutun. Die Erklärung für ihr Entstehen ist denn auch nicht primär einem um sich greifenden Spekulationsgeist zuzuschreiben. Das Erstaunliche aber ist, daß nichts anderes anstelle der Tulpen zum Gegenstand der Hausse hatte werden können.

Muensterberger stellt den Tulpenwahn in den Kontext der niederländischen Prosperität des 17. Jahrhunderts, die nach der harten Herrschaft spanischer Despoten in recht kurzer Zeit entstanden war. Das Sammeln von Kunstgegenständen aller Art sowie der auffällige Sinn für private Wohnungsdekoration drückt Muensterberger zufolge das Bedürfnis aus, nach vielen Jahren der spanischen Fremdherrschaft Herr im eigenen Haus zu sein. In diesem Kontext betrachtet er auch die Leidenschaft für das Sammeln von Tulpenzwiebeln. »Ihren Höhepunkt erreichte die Besessenheit von den Tulpen ein Jahr nach einem furchtbaren Pestausbruch, der in den Niederlanden, besonders in der Gegend von Haarlem, zum Tod Tausender Menschen geführt hatte. (...) Die Pest, die für mehr als drei Jahrhunderte immer wieder drohte, barg das Potential, in der Bevölkerung enorme Ängste aufzuwühlen. Das hatte dann zur Folge, daß nach irgendeiner Form des Wunderglaubens Ausschau gehalten wurde, an den man sich festklammern konnte. Zwar begann die holländische Tulpensucht vor diesem Pestausbruch, aber jetzt fehlte jeder Schutz gegen den Einsturz der inneren Barrieren, so daß es zu einem fast manischen Taumel kam und in kürzester Zeit Angehörige der Oberschicht, Städter und Bauern in einem wilden Wettstreit um die Tulpen lagen. (...) Offensichtlich gibt die Bewunderung für das Objekt seinem Eigentümer nicht nur Selbstbestätigung. Sie erhöht sein Selbstbild und verleiht ihm Schutz gegenüber den Unsicherheiten der Vergangenheit. Es ist leicht zu verstehen, wie der Sammelbazillus sich so schnell in einer Zeit ausbreiten konnte, als das gesamte Land den Puls des Lebens schneller schlagen spürte und jeder darauf aus war, an der frenetischen Aktivität teilzuhaben. In solchen Zeiten ist es den Menschen geradezu vorbestimmt, nach irgendeinem greifbaren Beweis der Absicherung gegen neuerliche Verletzbarkeit Ausschau zu halten.«

***

Dieter kreuzte Anfang der achtziger Jahre häufig in unserer Wohngemeinschaft auf, um in der Stadt irgendwelche Geschäfte abzuwickeln. Einmal kam er mit einem LKW voller Weihnachtsbäume und Misteln, um sie in der Vorweihnachtszeit auf Märkten zu verkaufen. Das Vorhaben scheiterte, weil die Märkte unter den professionellen Händlern seit Jahren aufgeteilt sind. Dieter fand keinen rechten Stellplatz und verscherbelte seine Bäume schließlich mit einigem Verlust auf dem Parkplatz eines entlegenen Supermarkts in der Vorstadt. Erfolgreicher war sein Handel mit Pornoheften, den er noch während seiner Schulzeit in einer norddeutschen Kleinstadt aufgezogen hatte. Er organisierte en gros kleine Schmuddelhefte in Dänemark, um sie unter den Mitschülern zu verhökern. Als der Markt gesättigt war, weitete er sein Vertriebsgebiet bis nach Niedersachsen aus. Irgendwann erlahmte sein Interesse an dem Geschäft, obwohl es noch eine Weile etwas abgeworfen hätte. Wie besessen war er später von der Idee, sein Geld als Tennistrainer zu verdienen. Das Vorhaben scheiterte, weil er überhaupt kein Tennis spielen konnte. Aber die Vorstellung, eine

Menge Geld in kurzen Hosen zu verdienen, faszinierte ihn noch eine ganze Weile.

In seiner historischen Rekonstruktion des Bourgeois widmet Werner Sombart der Figur des Projektemachers einige Aufmerksamkeit. Der Projektemacher betritt gegen Ende des 17. Jahrhunderts die Szene. Sombart zitiert Defoes *An Essay on Projects*, um den Projektemacher genauer zu charakterisieren. »Es gibt Leute, die zu schlau sind, um in ihrer Jagd nach dem Gold zu wirklichen Verbrechern zu werden. Diese wenden ihre Gedanken gewissen verborgenen Arten von Kniffen und Betrügereien zu, einem anderen Wege des Diebstahls, der ebenso schlimm, ja sogar schlimmer ist als die anderen, da sie unter schönen Vorwänden ehrliche Leute verleiten, ihr Geld herzugeben und mit ihnen zu gehen, worauf sie hinter den Vorhang eines Zufluchtsortes schlüpfen und der Ehrlichkeit wie dem Gesetze ein Schnippchen schlagen.« Die Geringschätzung Defoes zeigt, wie erfolgreich die Geschäfte der Projektemacher gelaufen sein müssen. Der Projektemacher war, recht verstanden, kein Betrüger. Unter ihnen waren Tüftler und Erfinder, die wie besessen von ihrem Projekt waren. Je überzeugender ein Projektemacher seine Sache vertrat, um so größer war seine Chance, Geldgeber zur Verwirklichung des Projekts zu finden. In Frankreich nannte man sie »donneurs d'avis«. »Unter ihnen findet man die verkannten Erfinder, die Romantiker der Tat, die unruhigen und feinorganisierten Gehirne, Bankrotteurs mit einem möglichst düstern Hute auf dem Kopfe, Bohemiens, die aus der Bourgeoisie entwischt sind und nun gern wieder hinein möchten, kühne und auskunftsreiche Leute, die ihr Brot im Rauch der Garküche verzehren, wenn der Gimpel, den man rupfen wollte, sich nicht eingestellt hat, schmutzige Abenteurer, die im Kot auf der Straße oder in der vergoldeten Haut eines großen Finanziers endigen.« (zitiert nach Sombart)

Wir erkennen im Projektemacher einen eitlen Aktionisten voller Besessenheit für seine Idee. Seine Rastlosigkeit ist die Abwehr eines Gefühls innerer Leere, und sein Beharren auf Selbständigkeit entspringt einer Angst vor Abhängigkeit. Dem Projektemacher fehlt einiges zum unternehmerischen Unternehmer, aber man ist sich nie ganz sicher, ob ihm mit seinen Ideen nicht doch einmal der große Wurf gelingen wird. Der Projektemacher, das ist die Basis seines Erfolgs, versteht es immer, andere für sich einzunehmen. Sein Opfer investiert in seine Phantasie, deren Teilhaber es sein möchte. Im Zusammenspiel mit der Börsenspekulation wuchs der Projektemacherei schließlich eine nicht unerhebliche wirtschaftliche Bedeutung zu. Das Geld ging mit der Idee. Dem heutigen Projektemacher vom Schlage Dieters bescheinigt man allenfalls skurrilen Charme. Seine Ideen werden von Mißtrauen begleitet, aber gefährlich ist er nicht.

An seine Stelle ist der Spekulant getreten, der die Devisenmärkte der Welt bevölkert. Er segelt immer hart am Wind des Bankrotts und tritt sogar lustvoll kompetitiv wie der gebürtige Ungar George Soros gegen ganze Landeswährungen an. Seine Idee ist das Geld. »Der Hasardeursdrang«, schreibt der *Spiegel* (37/1994), »aus Geld im Handumdrehen mehr Geld zu machen – und zwar ohne den mühseligen Umweg über die Herstellung und den Vertrieb nützlicher Dinge –, hat sich in den seriösesten Banken und Industriekonzernen ausgebreitet. Statt die voluminösen Cash-Zuflüsse und Überschüsse in die reale Wirtschaft und neue Arbeitsplätze zu investieren wie einst in der solid-sozialen Ludwig-Erhard-Marktwirtschaft, haben Börsianer und Finanzdirektoren die Kapitalmärkte in hochgestochene Wettbüros und Spielkasinos umgewandelt.« In solchen Bewertungen kommt eine grandiose Akteursfiktion zum Ausdruck, die dem Spekulanten einen weitreichenden Machteinfluß zuschreibt. Mit Marx könnte man freilich wissen, daß es sich um eine bloße Verwertung der Überakkumulation von Kapital handelt, aus der fiktives Kapital entsteht. »Die kapitalistische Dynamik«, so resümiert eine Kommentatorin (Roswitha Scholz, *Freibeuter* 3/1996) das Geschehen, »entzieht ihren eigenen Voraussetzungen den Boden. Und die Spekulation spielt dabei keine größere Rolle als die von Wetten auf ein Rennen, das die Gambler weder inszeniert haben noch beeinflussen können; ganz im Gegensatz zu den Verschwörungstheorien in den Medien, die Ursache und Wirkung verwechseln, wenn sie die Spekulanten als hinterlistige Drahtzieher ausmachen.« Daher rührt ja unsere Verblüffung, wenn wir den armen Nick Leeson sehen, der so gar nichts Verbrecherisches an sich hat.

Dem Psychoanalytiker Wolfgang Harsch zufolge realisiert sich im fiktiven Kapital eine anal-narzißtische Ökonomie. In seiner Studie über die psychoanalytische Geldtheorie (1995) geht er der von Freud aufgestellten Gleichung Geld = Kot nach. Der infantile Kot ist die erste Gegengabe für Muttermilch und erstes Tauschmittel. In ihrem Stolz auf das »Geschäft« nimmt die Mutter das Erzeugnis des Kindes an. Mutter und Kind befinden sich in einem wechselseitigen Austauschverhältnis, in dem das Kind als Kotproduzent die Abhängigkeit als Empfänger von Muttermilch verdrängt. »In der Verdopplung des Kapitals und seiner Entwicklung zum fiktiven Kapital zeigte sich eine Tendenz der Wirtschaft, sich immer mehr vom Stoffwechsel mit der Natur, der Arbeit und vom gesellschaftlichem Stoffwechsel, dem Austausch, zu entfernen. Es ist daraus eine Tendenz zu Sublimierung, Vergeistigung oder Entmaterialisierung (Freud) entstanden, die zugleich unbewußt auf die Realisierung eines ›absoluten primären Narzißmus‹ zu zielen scheint. Sie strebt in Form von Wertpapieren einen verbrieften Anspruch auf ewig währenden Zufluß von Inkrement an. Ewig zu bekommen, nichts geben zu müssen, und dabei unschuldig und rein zu bleiben, ist die Wunschphantasie, die realisiert werden soll.« Der narzißtische Persönlichkeitstyp, als der der globale Spieler beschrieben werden kann, begreift den Bankrott nicht als Ende seiner Unternehmungen. Während der unternehmerische Unternehmer sich nach dem Bankrott schamhaft verzieht, vertraut der globale Spieler darauf, daß die Muttermilch schon wieder fließen wird.

***

Trotz Konjunkturbelebung stieg die Zahl der Konkurse 1994 allein in Westdeutschland auf über 20 000. Das bisherige Rekordjahr 1985 verzeichnete knapp 19 000 Firmenpleiten. Hinzu kamen 1994 noch knapp 5000 Fälle aus Ostdeutschland. In den neuen Bundesländern haben viele Kleinunternehmer aufgegeben, die nicht zuletzt aus Furcht vor Arbeitslosigkeit den Weg in die Selbständigkeit gewagt hatten. Sie waren mit ihrem Projekt, darunter zahlreiche Imbißbuden, schon am Ende, noch bevor Bundeskanzler Kohl per Neujahrsansprache die neue Selbständigkeit propagiert hatte. Der Begriff war mit Bedacht gewählt. Hätte der Kanzler von neuem Unternehmergeist gesprochen, wäre er umgehend verdächtigt worden, sich in frühkapitalistische Zeiten zurückzuträumen. Es hätte auch unangenehm belehrend gewirkt, wenn der Kanzler seinen Wählern im Osten eine Art Grundkurs in Sachen Marktwirtschaft verordnet hätte. Jetzt macht mal hübsch nach, womit wir so schön reich geworden sind. Neue Selbständigkeit hingegen klingt gesamtdeutsch. Sie hat ja mit dem zu tun, womit die Westbürger tagaus, tagein beschäftigt waren: der mal angestrengten, mal zerstreuten Suche nach Selbsterleben, Selbstverwirklichung und Selbstfindung.

Die Beschäftigung mit sich selbst verheißt natürlich noch keine Selbständigkeit. Wahrscheinlich ist das Gegenteil der Fall. Wir haben es mit endlosen Projekten ebenso zu tun wie mit gewaltigen Projektionen. Wie immer man auch den Formen der Selbsterfahrung nachgeht, man tut es meist als Kunde. Kein Psychokurs, Rafting-Trip oder spiritualistisches Experiment ohne

Preisliste. Vielleicht hatte der Kanzler nichts anderes sagen wollen, seine Bürger sollten endlich erwachsen werden. Aber so etwas sagt heutzutage kein Herrscher zu seinen Untergebenen. Deshalb faßte er die neue Selbständigkeit, wie es seine Natur ist, ganz konkret auf: Schafft viele neue Pommesbuden. Mit den vielen kleinen Pleiten, die daraus draußen im Lande erblühen, wird man dann auch noch fertig.

## Nachweise

»Geld in der Tasche« erschien zuerst in *Der Alltag*, Nr. 67, Berlin 1995.

»Anleitungen zum Geldausgeben«: Die Texte erschienen als Kolumne »Wühltisch« in der *taz.*

»Soziale Fänge« erschien zuerst in *Der Alltag*, Nr. 3, Zürich 1989. Der Text wurde für dieses Buch überarbeitet.

»Der Übermut der Ämter« erschien zuerst in *Der Alltag*, Nr. 68, Berlin 1995.

»In den Zelten« erschien am 28. August 1995 in der *taz.*

Die übrigen Beiträge sind Originalpublikationen.

Till Bastian

# Zivilcourage

## Von der Banalität des Guten

Warum handeln manche Menschen uneigennützig, andere nicht? Gibt es so etwas wie die altruistische Persönlichkeit? Wie hängen Selbstlosigkeit und Zivilcourage zusammen? Welche Charaktereigenschaften haben die Couragierten? Fragen wie diesen geht Till Bastian in seinem Buch nach.

Bastians unzeitgemäße Gedanken über Zivilcourage sind ein engagiertes Plädoyer für die Einmischung in die »kleine Politik« des Alltags. Wer uneigennützig Verantwortung wahrnimmt, setzt dem Diktat der Macht die Tugend des bürgerlichen Ungehorsams entgegen.

120 Seiten
DM 14,90/sFr 14,90/öS 110,-
ISBN 3-88022-375-0
Rotbuch Taschenbuch 1035

Rainer Brandenburg

# Nachrichten aus dem POST-TIRAMISU

Rainer Brandenburg hat die Eitelkeitsspiralen der abgeklärten Neunziger durchfahren und mit entlarvendem Gespür für die größte anzunehmende Peinlichkeit (GAP) Impressionen aus durchgestylten Zeitläufen zusammengestellt.

120 Seiten
DM 12,90/sFr 12,90/öS 94,-
ISBN 3-88022-357-2
Rotbuch Taschenbuch 1007

Zu den drängenden Fragen und zentralen Indikatoren dieser Ära gehören zum Beispiel die folgenden: Wer hat vor ziemlich genau vier Jahren angeordnet, daß alle Audi-Fahrer unter fünfzig neonfarbene Klecksattrappen auf ihr Kurzheck zu kleben hatten? Und wieso ignorieren studierte Verkehrsplaner, daß Damen mit Hut in Bussen und S-Bahnen mindestens zwei Sitzplätze benötigen?

**JEROME CHARYN**

**PARADISE MAN**

Der Paradise Man befördert Menschen ins Jenseits. Leidenschaftslos und mit Delikatesse. Er arbeitet nur für seinen Schneider. Einen der großen Pelzhändler von New York. Exklusive Anzüge gegen Mord auf Bestellung. Doch diesmal läuft es etwas anders. Bei seinem letzten Hit findet der elegante Todesengel ein kleines Mädchen unter dem Tisch. Das ihn Pappi nennt. Der Job wird unerfreulich persönlich.

**ROTBUCH KRIMI**

*»Abgebrüht, pfiffig und von taumelnder Sicherheit...«*

New York Times

Jerome Charyn
Paradise Man

Aus dem amerikanischen Englisch von Eike Schönfeld
256 Seiten
DM/sFr 16,90/öS 125,-
ISBN 3-88022-391-2
Rotbuch Krimi 1036

ROTBUCH Taschenbuch

# Weltgesellschaft im Umbruch

Rony Brauman
*Hilfe als Spektakel*
Das Beispiel Ruanda
Aus dem Französischen von Barbara Kleiner
ISBN 3-88022-377-7

Richard Wagner
*Völker ohne Signale*
Zum Epochenumbruch in Osteuropa
ISBN 3-88022-066-2

Richard Wagner
*Sonderweg Rumänien*
Bericht aus einem Entwicklungsland
ISBN 3-88022-047-6

Michael Sontheimer
*Im Schatten des Friedens*
Ein Bericht aus Vietnam und Kamputschea
ISBN 3-88022-013-1

Ernest Gellner
*Nationalismus und Moderne*
ISBN 3-88022-358-0

Walter Gorenflos
*Keine Angst vor der Völkerwanderung*
ISBN 3-88022-371-8